마테 메오 시작하기

MARTE MEO

영상을 통해 나의 강점 찾기

MARTE MEO
마테 메오 시작하기
영상을 통해 나의 강점 찾기

초판 1쇄 발행 2021년 8월 23일

지은이 크리스티안 하벨렉
번역 이유미
펴낸이 장길수
펴낸곳 지식과감성#
출판등록 제2012-000081호

교정 김혜련
디자인 이은지
편집 이은지
검수 정은지, 이현
마케팅 고은빛, 정연우

주소 서울시 금천구 벚꽃로298 대륭포스트타워6차 1212호
전화 070-4651-3730~4
팩스 070-4325-7006
이메일 ksbookup@naver.com
홈페이지 www.knsbookup.com

ISBN 979-11-392-0031-7(03180)
값 12,000원

- 이 책의 판권은 지은이와 지식과감성#에 있습니다.
- 이 책 내용의 전부 또는 일부를 재사용하려면 반드시 양측의 서면 동의를 받아야 합니다.
- 잘못된 책은 구입하신 곳에서 바꾸어 드립니다.
- 본 도서의 번역 내용 책임은 번역자에게 있습니다.

지식과감성#
홈페이지 바로가기

MARTE MEO

마테 메오 시작하기

영상을 통해  나의 강점 찾기

글 | Christian Hawellek 번역 | 이유미

마테 메오는 영상 이미지에 기반한 현대적인 상담, 교육, 치료, 코칭 기법으로 개인의 강점을 인식하고 '자신의 힘'으로 의사소통 기술을 향상시키고 긍정적 행동 변화와 새로운 변화에 잘 적응할 수 있도록 돕는다.

책을 펴내면서

  2004년 이후로 해마다 진행하는 독일의 학교폭력 예방 및 치료, 청소년 상담 복지 탐방 연수를 떠나게 되었다. 독일 연수 기간 중 2017년 9월 21일 헤르네 앤 반네 아이켈 청소년복지재단(Herne & Wanne Eickel Jugendhilfe gGmbH)에서 위탁 운영하는 부모·자녀 기숙형 하임(Eltern Kind Haus) 기관을 방문하게 되었다. 그곳은 아동 보호 차원에서 부모나 보호자가 자녀를 적절히 양육하지 못할 때 독일 가정법원으로부터 조치를 받은 부모와 아동이 함께 시설에 입소하여 상담, 교육, 치료를 받는 곳이었다. 한독 교류의 독일 파트너인 폴커 라인(Volker Rhein) 대표는 항상 새로운 콘셉트의 아동 및 청소년, 가족 상담 복지 기관을 소개해 주었기에 이번에는 또 어떤 곳을 방문하게 될까 궁금하던 참이었다.

  기관에 도착하자 커피와 차, 맛있는 다과가 준비된 곳에 착석하게 되었고 이어서 얀 말베르그(Jan Malberg)가 기관 소개와 더불어 마테 메오(Marte Meo) 상담 사례를 소개하였다.

첫 번째 마테 메오 상담 사례는 기관에 입소한 한부모가정의 아빠와 4살 남자아이였다. 두 사람이 지내는 모습을 카메라로 영상 촬영한 사례로 영상 이미지의 초반부에는 아들과 놀이에 어색하기만 한 아빠의 모습과 아이와 소통하기 위해 나름 애쓰지만 맘대로 잘 되지 않는 상황들이 고스란히 담겨 있었고 후반부 영상 이미지에는 아빠가 아들을 주의 깊게 관찰하면서 공감해 주고 아이의 눈높이에 맞게 즐겁게 놀이를 하고 있었다. 마테 메오 영상 이미지에 기반한 상담은 아빠로 하여금 자신의 행동을 관찰하고 자녀와의 의사소통 기술을 향상시킴으로써 긍정적인 행동 변화를 이끌어 내게끔 하였다.

두 번째 마테 메오 사례는 두 여성인데 본 기관에서 상담받은 내담자이자 아이들을 둔 부모였다. 마테 메오 상담을 통해 자녀 양육법, 의사소통 기술 개선 등 자신들의 긍정적인 행동 변화에 대한 소감을 직접 알려 주었다. 그리고 그날 오후 연수단의 단장이신 김종기 명예이사장님과 함께 프로그램의 우수성에 대해 이야기를 나누며 이후 한국에서도 마테 메오를 소개하자고 약속하였다.

이듬해 2018년 10월 4일 건국대에서 한국 최초로 마테 메오를 소개하기 위하여 폴커 라인(Volker Rhein), 안냐 하드(Anja Harder), 얀, 말베르그를 비롯하여 독일 측 교수와 실무자들이 한국을 방문하였다. 이 워크숍에 참가한 200여 명은 실제 영상 사례를 미시적으로 분석해서 시각적으로 보여 주는 기법에 높은 만족도를 보였고 한국에서도 정식적으로 교육이 개최되길 희망하였다.

그러나 교육 조건이 까다로워 엄두도 못 낼 지경이었다. 고민 끝에 2019년 드디어 마테 메오 창시자인 마리아 아츠(Maria Aarts)를 직접 만나기 위하여 독일 뮌헨으로 향했다. 직접 공개 사례 발표에 참관하였고 저녁 식사를 하며 2018년 한국에서 최초로 워크숍에 참가한 사람들의 반응에 관해 이야기하며 한국에서도 마테 메오가 알려지길 바라는 마음을 나누었다.

  2019년 가을, 독일 파흐풀(Fachpool) 교육원과 마테 메오 프랙티셔너 과정을 두 개 반으로 개설하였다. 참가자는 과제로 자신의 일상생활 속에서 몇 가지 의사소통 기술을 사용하는 영상을 약 5분 정도 촬영하고 제출한 후 독일 측 강사분들이 그것을 영상 분석하여 성공적 상호작용 순간을 교육 시간에 보여 주었다. 자신의 모습에 대해 새로운 발견이 있는 시간이었다. 어떤 참가자는 자녀와 소통하는 자신의 모습에 처음에는 쑥스러웠으나 슈퍼바이저들이 보여 주는 '반짝이는 장면'에 자신감을 가지게 되었다고 하였다. 도대체 어떤 교육이 하루 종일 즐겁게 웃으면서 새롭게 자신을 발견할 수 있게 할까? 무엇보다 긍정적 접근이 가능하다는 사실이 매우 기뻤다.

  2020년 1월 29~30일 독일 파흐풀 교육연수원에서 주관하는 마테 메오 창시자 마리아 아츠 강연회에 참석하여 첫날은 상담, 교육, 복지, 보호 등 다양한 분야의 부모, 자녀, 유치원 교사와 아동, 특수교육 기관 종사자와 대상자, 상담자와 내담자 등의 영상 사례를 보았다. 마리아 아츠가 영상 이미지를 통해 제시한 성공적 상호작용의 순간은 참가자 모두에게 탄성을 자아냈다. 백문이불여일견(百聞不如一見)이었다. 그들도 'Seeing ist believing', 'A Picture is worth one thousand words'라고 하였다. 영상 이미지 한 장면이 천 마디 말보다 나았다. 적게 보고 많은 것을 이해할 수 있었다.

마테 메오는 영상 이미지를 사용하여 '자신의 힘'으로 자기가 이미 지니고 있는 긍정적 레질리언스, 즉 회복탄력성에 기반하여 새로운 가능성을 발견하고 의사소통을 향상시키며 긍정적 행동 변화로의 모색을 돕는다.

많이 부족하지만, 한국에 최초로 알리고자, 그리고 마테 메오가 알고 싶으신 분, 임상 현장에서 내담자에게 유익한 상담 접근법을 원하시는 분, 자녀를 양육하는 데 구체적인 기술이 필요하신 분 등등 조금이라도 도움이 되길 바란다.

2021년 6월 부산 다대포에서

추천사

　마테 메오(Marte Meo)는 라틴어로 '자신의 힘'(one's own Strength)을 의미합니다. 이 용어는 네덜란드인 창시자 마리아 아츠(Maria Aarts)에서 유래했으며 이 상담 교육 방법의 핵심적인 관심사를 설명하고 있습니다. 개인의 심리정서적 성장, 발전, 원만한 상호작용 및 개인적인 발전에 기여하는 기술을 발견하고 활성화하며 개발하는 것입니다.

　마테 메오의 목표는 부모와 다양한 사회 분야의 전문가가 '자신의 힘'을 사용하여 그들의 성장·발달 과정을 활성화하도록 촉진하는 데 있습니다. 이런 방식으로 부모와 전문가는 일상생활과 업무의 질을 향상시킬 수 있는 사회적 정서적 기술을 개발할 수 있습니다. 마테 메오는 최근 매우 다양한 직업에 활용되고 있습니다.

　마테 메오를 통해 언어적, 비언어적인 의사소통의 잠재력을 개발할 수 있는 자세와 태도를 익힐 수 있습니다. 이것이 마테 메오 상담 방법론과 기법이 복지, 상담 및 교육 분야의 모든 학생들에게 매우 가치 있는 이유입니다. 일반적인 대학 교육 과정은 실제적인 경험과 자신의 능력을 향상시킬 수 있는 기회가 부족한 게 사실입니다. 모든 과학적, 이론적 측면 외에도 사람에 대한 자세와 태도 및 그것을 구체적으로 개발할 수 있는 기회가 턱없이 부족합니다.

마테 메오는 자기 개발을 지원하는 방법입니다. 일상적인 상호작용에 대한 영상 녹화를 통해 실용적인 지식과 정보를 제공합니다. 이에 마테 메오를 통해 사람들은 일상생활에서 자기 개발 과정을 촉진하고 지원할 수 있도록 그 기회를 인식하는 방법을 배울 수 있습니다.

친애하는 이유미 센터장님, 한국에 마테 메오를 알릴 수 있는 계기를 마련해 주신 그 용기와 힘에 감사드립니다! 이미 2018년 10월, 이유미 센터장님은 독일에서 마테 메오 프랙티셔너(Marte Meo Practitioner) 교육 과정을 성공적으로 마친 후 마테 메오 방법에 대한 지식을 한국에 적용했습니다. 2018년 10월, 푸른나무재단(구, 청소년폭력예방재단)과 독일 파흐풀 교육원(fachpool gGmbH), 건국대학교와 공동으로 제1회 마테 메오 워크숍을 최초로 개최했습니다. 마테 메오 워크숍의 강의는 독일 파흐풀 교육원의 안냐 하드(Anja Harder) 마테 메오 수련감독 및 슈퍼바이저(lic. Marte Meo Supervisor)와 얀 필립 말베르그(Jan P. Malberger) 마테 메오 슈퍼바이저(Marte Meo Supervisor)가 해 주셨습니다. 본 워크숍은 이유미 센터장님의 마테 메오 이해를 기반으로 한 통역이 있었기에 가능한 일이었습니다. 이 시점에서 독일 파흐풀 교육원을 대표해서 폴커 라인 대표, 안냐 하드 마테 메오 수련감독 및 슈퍼바이저, 얀 필립 말베르그 슈퍼바이저는 푸른나무재단(구, 청소년폭력예방재단)에 감사드리고자 합니다. 푸른나무재단의 문용린 이사장님, 김종기 명예이사장님 그리고 이유미 센터장님, 건국대 박종효 교수님의 아낌없는 도움으로 한국 최초의 마테 메오 워크숍을 개최할 수 있었기에 깊은 감사를 드립니다.

마테 메오 워크숍은 큰 성공을 거두었으며 상담, 복지, 교육에 종사하시는 전문가들과 관련 대학교 대학생 및 대학원생들로부터 전반적으로 긍정적인 피드백을 받았는데, 이는 주로 이유미 센터장님의 동시 번역 덕분이었습니다. 우리 파흐풀 교육원(fachpool gGmbH)은 이 부분에서 특별히 감사드립니다.

마테 메오는 현재 50개국 이상에서 실행되고 있는 국제적으로 인정받는 상담 코칭 방법입니다. 이유미 센터장님이 '마테 메오 시작하기'(Marte Meo Überblick)를 한국어로 번역한 덕분에 이제 한국 사람들도 마테 메오의 혜택을 받을 수 있을 것입니다.

이에 한 번 더 축하드립니다. 이 저서의 저자인 크리스티안 하벨렉(Christian Hawellek) 박사님 또한 마테 메오 수련감독 및 슈퍼바이저로서 한국어로 번역할 수 있도록 허락해 주셨습니다. 이 저서는 마테 메오에 대한 기초적이고 실무적인 기법 사용에 대한 구체적이고 자세한 개요를 제공하기 때문에 마테 메오를 이해하는 데 도움이 될 것입니다. 또한 마테 메오 실제 적용에서 입증된 다양한 상담 작업 자료가 포함되어 있습니다. 우리는 이 번역서가 한국에서 여러 다양한 반응과 큰 성공을 거두기를 바라며 이를 계기로 마테 메오에 대해 다양한 협력이 이루어지길 바랍니다.

고맙습니다.

2021년 5월 독일 하겐시에서

폴커 라인(Volker Rhein)
안냐 하더(Anja Harder)
얀 필립 말베르그(Jan P. Malberger)

마테 메오 시작하기 - 영상을 통해 나의 강점 찾기

목차

책을 펴면서   4

추천사   8

서문   14

I. 마테 메오 상담이란?   16
    1. 마테 메오 영상 이미지의 힘   19
    2. 마테 메오 발달 지향적 모델   29
    3. 마테 메오 영상 이미지에 기반한 상담법   43

II. 마테 메오 상담 기법 및 체크리스트   64
    1. 발달 단계 평가 및 지원을 위한 관찰 체크리스트   65
    2. 조절 문제를 동반한 영유아 평가 및 지원 체크리스트   67
    3. 복합적 문제 아동 평가 및 지원 체크리스트   74
    4. 아동의 사회적·정서적 평가 및 지원 체크리스트   82
    5. 부모 자녀 관계 상호작용   95
    6. 영상 이미지에 기반한 상담을 위한 체크리스트   100

III. 기타   104
    1. 마테 메오 영상 촬영 및 사용에 대한 유의사항   105
    2. 마테 메오 자격 교육 과정   108

참고문헌   112

미주 설명   118

서문

마테 메오(Marte Meo)란 교육·상담 방법으로 인간의 성장·발달 및 학습 과정과 그에 당면한 문제 해결을 지원하는 데 널리 알려져 있는 '영상 이미지' 관찰에 기반한 상담 방법이다.[1] 최근 몇 년 동안 마테 메오에 관한 전문적인 문헌 연구가 활발해졌다(Isager, 2009).[2] 마테 메오의 창시자인 마리아 아츠(Maria Aarts)는 항상 자신의 저서를 쉽게 이해할 수 있도록 작성하고 있다. 이해하기 어려운 전문적인 용어나 내용은 거의 찾아볼 수 없다. 메떼 이자거(Mette Isager)[3]의 저서도 그녀의 전통을 따르고 있다. 그와 반면에 마테 메오를 기존의 이론 및 학문적 문헌과의 연계를 모색한 다른 저자들의 저서도 있다.[4]

이 책은 마테 메오 교육·상담(이하 마테 메오라고 통칭함) 방법을 알고자 하는 모든 독자들을 위한 입문서이다. 마테 메오에 관해 다음과 같이 크게 두 가지로 나눠서 설명하고자 한다.

제 I 장에서는 마테 메오 영상 이미지, 발달 지향적 모델과 상담법을 소개하였다. 마테 메오에 대해 일반적으로 이해할 수 있어야 한다는 창시자 마리아 아츠의 의견에 부합하고자 이해하기 쉬운 문구로 간결하게 서술하고자 노력하였다.

미주는 더 자세한 이론적 설명과 내용에 관심이 있거나 학문적·이론적 기초에 관한 내용을 알고 싶어 하는 독자를 위한 것이다.

제II장에서는 마테 메오 상담 기법과 활용되는 관련 자료를 소개하였다. 여기에는 마테 메오 상담 시 상담 목표에 적합한 영상 클립을 발견하고 선택하는 데 도움이 되는 이른바 체크리스트를 포함하였다. 체크리스트는 내담자의 일상적인 사회적 관계, 대인 관계, 특히 부모 자녀 간에 일반적으로 일어나는 문제를 중심으로 구성되었으며, 이로 인한 어려움으로 인해 전문적인 도움을 구하고자 할 때 체크리스트의 내용을 참고할 수 있다.

기타 자료로는 마테 메오 상담을 진행하기 위한 절차 및 영상 촬영 및 사용에 대한 유의사항과 마테 메오 상담 동의서 예시를 소개하였다. 또한 마테 메오 자격 양성 과정에 대한 내용을 설명하였다. 뒷머리에 미주는 너무 길어 본문에 기입하기 어려운 내용의 출처를 밝히고자 별도로 간단하게 설명을 작성하였다. 참고문헌은 독자들이 본문에 인용된 참고자료들의 출처를 찾아 이용할 수 있게 하였다.

I

마테 메오 상담이란?

마테 메오(Marte Meo)란 사람들이 '자신의 힘'(one's own Strength)으로 원하는 것을 성취하는 경험을 뜻한다. 우리는 어린 아이들이 처음으로 자전거 타는 것을 배우고 몇 미터 앞으로 전진했을 때, 타인의 도움 없이 원하는 무언가를 성취했을 때 자랑스러워하고 기뻐하는 것을 쉽게 볼 수 있다. 특히 이러한 모습은 성인보다 아이들에게서 더 자주 볼 수 있다. 그 후에도 아이는 '자신의 힘'과 에너지를 다해서 두 번, 세 번 자신이 성취한 경험을 계속 확대시켜 나갈 수 있다. 이러한 과정을 거치면서 아이들은 새롭게 성취한 경험을 바탕으로 지속적이고 긍정적으로 자신의 능력을 통합시켜 나간다. 마테 메오라는 용어는 사람들의 성장 발달을 긍정적으로 활성화시키는[5] 핵심요소, 즉 무언가를 '자신의 힘'으로 성취하고 변화를 이끌어 내는 경험을 담고 있다.

이러한 경험이 여러 번 반복되면 아이는 성공적인 결과를 얻기도 한다. 하지만 때로는 새롭게 발전하고자 하는 많은 시도 속에서 약간의 불확실성과 새로운 도전에 대한 좌절감을 가질 수도 있다. 아이가 자신의 인생에서 무언가 새로운 것을 배우는 경우, 가까운 성인, 대개는 부모로부터 학습 과정을 배우고 지원받는다. 아이가 새로운 도전을 하고 성공적으로 목표를 달성하면 부모와 함께 기쁨을 공유하고 나누기를 원하는 것은 자연스러운 일이다. 부모 또한 자녀가 새롭게 시도하고 달성한 것에 대해 함께 기뻐하고 자랑스럽다고 말할 것이다. 자녀의 사소한 실패에 관해서는 다음번에 더 잘할 수 있을 거라고 편하게 대해 주고 위로해 주기도 한다. 부모 및 보호자가 자녀를 어떻게 잘 키울 것인가는 자녀의 성장 발달 수준에 달려 있다. 따라서 부모는 자녀의 발달 상태와 수준에 맞게 도와주어야 한다. 그러나 지나치면 적은 것보다 못하다. 자녀의 원만한 성장을 위해서는 필요한 만큼만 적절하게 지원해 주어야 한다.

아동 발달 또는 인간 발달과 관련하여 다음과 같은 질문을 해 볼 수 있다. 아동의 발달 과정을 구체적으로 지원하고 촉진할 수 있는 방법은 무엇인가? 그 과정에서 마테 메오 상담의 이론과 실제를 어떻게 적용할 것인가?[6] 발달 과정에 대한 특별한 관심은 마테 메오 상담뿐만 아니라 여러 다양한 교육 및 치료 분야에서도 각각 다른 형태의 방법으로 접근하고 있다. 그 가운데 '성장'(Wachstum)[7]과 '학습'(Lernen)[8] 또는 '성숙'(Reifung)[9]에 대해서는 어떻게 아동의 발달 과정에 맞게 촉진하고 지원할 수 있는가? 그에 필요한 지원 방법을 개발할 수 있는가? 이 두 가지 질문에 대해 다루고 있다. 일상생활에서 성장 발달을 촉진하는 방법에 대한 지식은 마테 메오 '사고 모델'(Denkmodell)의 기초를 형성한다. 또한 특정한 상황과 특별한 순간에 필요한 지원 방법(Support) 개발(Development)에 대한 지식은 마테 메오 기법의 전문성에서 기인한다.[10]

1 마테 메오 영상 이미지의 힘
– 이상과 실제 사이의 다리

> 마테 메오(Marte Meo)는 '자신의 힘'(one's own Strength)으로 원하는 것을 성취하는 경험을 뜻한다. 이 경험을 바탕으로 자신이 원하는 것을 달성하고자 스스로 동기부여하고 자기 힘으로 능동적이고 자기주도적으로 활동함으로써 기존 상황을 새롭게 인식하고 새로운 상황에 적절하게 대처할 수 있다. 이를 통해 자신감을 얻을 수 있다.

아이가 자전거 타는 방법을 배우는 모습을 상상해 보자. 아이의 성장 발달(Development) 단계에 대한 지원(Support)은 항상 그 아이가 다음에 필요한 발달 단계에 목표를 둔 부모의 양육 태도, 즉 아이의 행동을 조율하는지, 한다면 어떤 방법으로 아이를 대하는지에 달려 있다. 곧 아이의 성장은 부모가 어떻게 가르치느냐에 달려 있다. 아이가 자전거를 잘 타기 위해 새로운 단계를 익혀야 할 때마다 부모가 그를 지지해 준다면 자전거 타는 방법을 익히는 데 도움이 될 것이다. 새로운 단계마다 그 상황에 적절한 지원 행동은 아이가 변화된 상황에 적응하는 데 도움이 된다. 즉, 지원 행동은 각 상황에 맞게 새로 조정되고 업데이트되어야 한다. 이와 같이 '업그레이드'에 기반한 양육 방법은 아이가 자전거 타는 방법 외에도 일반적으로 모든 상황에 적용됨으로써 아이의 다양한 능력을 향상시킬 수 있다. 아이의 능력을 향상시키는 부모의 지지적인 행동, 즉 양육 태도는 현재의 일상적인 경험에서 비롯된 것이다. '업그레이드'가 성공하려면 현재 상황을 잘 살펴봐야 한다. 상황을 충분히 고려한 세심한 주의가 필요하다.

특히 현재 주어진 상황 속에서 일어나는 작고 사소한 변화와 진전에 항상 주의를 기울여야 한다. 일상생활 속 상호작용을 촬영한 영상은 이러한 변화를 인식하는 데 큰 도움이 된다. '영상 이미지'를 통해 무슨 일이 일어나고 있는지, 어떻게 느끼는지 등 영상 촬영에 참가한 관련자들이 녹화되는 상황에서 경험한 것을 시각화하고 가시화함으로써 이해를 돕는다.[11]

마테 메오(Marte Meo) 발달 지향적 사고의 핵심적인 질문은 아동과 부모의 이니셔티브, 즉 두 사람이 함께 있는 일반적 상황에서 이들의 주도적인 행동과 반응이 어떻게 서로 맞추고 상호 조율되는지에 대한 것이다. 서로 상호작용하는 방식에 대한 것이다.

마테 메오는 좀 더 일반적인 방법으로 개인적, 사회적 및 행동적 역량을 구체적으로 파악하고 발전 및 강화시키는 데 도움을 줄 수 있다.

역량(Kompetenz)이란 독일어로 능력(Fähigkeit)에 해당하는 매우 추상적인 단어이다. 우리는 능력을 눈으로 볼 수 없다. 다만 능력을 나타내는 행동이나 행동의 결과를 본 경우에만 그것을 능력이라고 추론할 수 있다. 사회적 행동 또는 유사한 행동이 관찰될 때에만 우리는 실제 능력 또는 역량이 있다고 말한다.[12] 독일어로 기술(Fertigkeit)이란 관찰할 수 있는 행동을 일컫는다. 그런 다음 일련의 구체적인 행동 관찰을 통해서 능력 또는 역량을 추론할 수 있다. 실제로 역량이란 특정한 상황에서 수행할 수 있는 개인의 능력에 대한 기대 수준이라고 할 수 있다.

예를 들어, 사람들은 축구 선수가 이전 경기 결과에 비례하여 좀 더 나은 성적을 내기를 기대한다. 그가 지금까지 축구 경기에서 보여 준 성과는 앞으로 치르게 될 축구 경기에 대한 수행 역량이나 축구를 이전보다 더 잘할 수 있을 거라는 능력에 대한 기대감을 높일 수 있다(Erwartungsbild). 이러한 기대감으로 '오늘은 축구 선수가 경기 운이 없는 날이었다' 또는 '선수가 가진 능력에 비해 훨씬 경기를 못하고 있다', 심지어 '선수 자신의 능력보다 훨씬 더 뛰어난 경기였다'라고 말할 때 그나마 선수에 대한 기대 수준은 안정적일 수 있다. 이는 여러 사회적인 상황에서 신속하게 자신을 그 속에 적응시켜야 한다는 사람들의 기대에 부응하도록 만든다.

유치원, 학교 또는 보육 시설과 같은 사회 기관에 가지는 이러한 기대치는 특히 높아서 '문제가 발생'(Problemfälle)하게 되면 지체 없이 신속하게 대응하고 빨리 해결되기를 바란다. 예를 들어 현재 치료 전문가가 필요할 때 책임자는 문제가 발생하자마자 즉시 전문적인 도움이 필요하다는 사실에 동의한다. 어려움을 호소하는 사람들은 전문가를 찾아가서 '평가'를 받고 그들의 기대치에 관해 전문적으로 기술된 영구적인 '진단'을 받기도 한다. 그 진단서에는 '천재적인 재능을 가진 자폐증이다'라고 적혀 있을 수도 있다.[13]

문제 중심적인 진단과 달리 마테 메오 상담에서는 개인의 일상생활의 행동과 행위를 관찰한다. 또한 촬영한 영상을 통한 '영상 이미지'에서 구체적인 상황과 그 순간에 일어나는 개인의 행동과 반응, 기술을 볼 수 있다. 개인이 가지고 있는 역량보다 유사한 관계 및 소통 패턴의 반복과 효과적인 의사소통 기술(Fertigkeit)의 부재를 관찰할 수 있다. 빈번하고 뚜렷하게 안정적으로 나타나는 기술에 대해서는 역량(Kompetenzen)이 있다고 설명하고 평가할 수 있다.[14]

각각의 커뮤니케이션 순간을 정확하게 관찰할 수 있었던 것은 최근 수십 년 동안 발전한 영상 기술의 개발 덕분이다.
전통적으로 잘 알려진 상담 및 치료 방법은 일반적으로 다양한 형태의 대화를 기반으로 한다.[15] 이 방법은 현재와 같은 발전된 영상 기술을 사용할 수 없었던 사람들에 의해 개발되었다.

이러한 배경에서 보육, 복지 또는 상담 업무의 질적인 사항에 대한 피드백을 제공하고 보다 더 전문적인 접근 방식을 발전시켜 나가기 위해 다양한 슈퍼비전 진행 방법이 개발되었다.[16] 대부분의 경우 눈앞에서 일어나는 것이 아니라 실제로 보지 않고 관찰한 것을 기억해서 말하는 방식이었다. 관찰한 기억을 토대로 내용을 분류하고 평가하고 전문적인 용어로 정리하였다. 이 용어는 전문가들의 각종 논의와 그에 따른 정리된 내용과 조치에 대한 권고 사항으로 이어졌다. 60년대에 들어서면서, 치료사들을 위한 지속적인 교육과 슈퍼비전을 위해 테이프 녹음 및 비디오 녹화하는 방식을 사용하기 시작했다. 대상자 또는 내담자는 아직 비디오 녹화 작업에 관여하지 않았던 때였다.

긍정적인 변화를 가져오는 데 도움을 제공하기 위해 일상생활을 카메라로 촬영한 '영상 이미지'를 내담자에게 보여 주겠다는 아이디어는 네덜란드에서 최초이자 대규모로 시작되었다. 지난 80년대 초부터 시작된 이 접근 방식의 첫걸음은 '오리온 프로젝트'(Orion Project)로 '비디오 홈 트레이닝'(Video Home Training)이란 명칭을 거쳐 드디어 '마테 메오'(Marte Meo)(역자: 창시자 마리아 아츠는 전 세계 각 국가에서 의미 번역 없이 마테 메오라고 용어를 정하고 있음. '영상 이미지' 관찰에 기반한 상담 및 치료, 코칭 등으로 불림)라고 정하게 되었다.[17]

이러한 발전 과정을 거치면서 영상 이미지를 활용한 상담 방식은 더욱 새로운 차원으로 발전하게 되었다. 일상 속 행동을 촬영하고 난 후 '비디오 상호작용 분석'(Video Interaction Analysis)을 통해 상담이 이루어지고, 상담자와 내담자는 문제가 발생하거나 발생할 수 있는 상황을 공동으로 볼 수 있는 기회를 가질 수 있게 되었다. 그 과정에서 영상 녹화물은 상담 목표를 설정하고 그 방향으로 진행해 나가는 데 있어서 상담자와 내담자에게 가장 중요한 정보의 원천이다. 따라서 더 이상 개인의 기억에만 근거한 관찰 보고서 또는 자칫하면 오해를 유발할 수 있는 주관적인 설명에만 의존하지 않아도 된다. 그와 같은 오해는 구체적인 상황을 직접 같이 겪거나 공통적인 관점에서 관찰하지 않는 이상 더 쉽게 발생한다.[18]

'영상 이미지'를 통해 내담자는 과거에 경험했던 구체적인 상황을 다시 떠올리고 상담 과정에서 그 기억을 현재로 재활성화시킬 수 있다. 상담자와 내담자는 상담 시간에 촬영한 영상을 보면서 당시의 사회적 상황을 다시 떠올려 보고 이해할 수 있으며 지금 여기에서 다시 새로운 상담의 주제로 다룰 수 있다. 마테 메오 상담의 주제는 내담자의 경험 속에서 어떤 순간과 기회가 도움이 되고 미래에 일어날 수 있는 문제를 사전에 해결하는 데 도움이 될 수 있는지 대화하고 논의하는 것이다. 전통적인 상담 방법은 언어에 기반을 두고 내담자의 문제와 그 변화 가능성에 대해 이야기하는 것과 매우 관련이 있었지만 마테 메오 상담 방법은 일상생활 속 모습을 카메라로 촬영하고 그 '영상 이미지의 힘'(Kraft der Bilder)[19]을 사용하는 데 집중한다. 우리는 '한 장의 그림이 천 마디 말보다 가치 있다'(A picture is worth a thousand words)라는 말처럼 '그림이나 이미지가 가지는 힘'을 알고 있다. '영상 이미지'는 특히 자신을 언어로 표현하는 것이 서툴고 어려운 대상에게 사용할수록 큰 도움이 된다. 그중에는 원활한 소통이나 이해가 필요한 영유아나 아동과 그 부모[20] 또는 일반적인 장애나 치매로 인해 언어적인 장벽을 가진 사람들도 포함된다. 또한 위와 같은 대상들을 돌봐야 하는 복지, 보호 분야에서 일하는 종사자들도 마테 메오 '영상 이미지' 사용 기법을 활용해서 대상자들에 대한 이해와 소통 능력을 향상시킬 수 있다.[21]

'영상 이미지'가 주는 시각적 정보는 보고서나 말하는 방식보다 더 쉽게 인지하고 더 오래 기억될 가능성이 크다.[22] 어떤 이야기를 듣는 사람은 상상력에 자극을 받는다. 자기만의 내면세계 속에서 상대방이 말하는 것을 상상할 수 있다. 흥미진진한 소설을 읽거나 재미있는 이야기를 들으면

이것이 영감을 불러일으킨다. 소설 속 문장이 독자로 하여금 흥미진진하고 긴장감을 느끼게 하는 것이다. 누구나 이와 유사한 경험에 대해 말할 수 있다. 자신의 '내면의 영화'는 오로지 자신만이 다가갈 수 있기 때문이다. 반면에 자신이 경험한 것에 대해 '영상 이미지'를 통해 접하는 정보는 내담자가 상상하는 자신의 세계와는 차이가 있을 수 있다. '영상 이미지'는 시각적 정보로 개인의 주관적 경험으로 이루어진 '내면의 영화'처럼 기억이나 이야기하는 방식에 의존하지 않아도 된다. 또한 동일한 영상을 반복적으로 볼 수 있는 장점이 있다.[23]

영상 기술(Video Technique)은 최근 몇 년간 급격하게 개발되었다. 한 가지 예로 텔레비전 스포츠 방송 중 다시 보고 싶은 장면을 슈퍼 슬로우 모션(Super Slow Motion)으로 보는 것처럼 특정한 장면을 '미세 분석'(Microanalysis)할 수 있다. 시청자는 특정한 장면을 각 단계별로 볼 수 있고 육안으로 잘 보이지 않는 작고 사소한 행동까지도 자세히 관찰할 수 있다. 이와 관련한 영상 기술은 사건의 관측자가 미처 알아차리지 못한 완전히 새로운 정보에 접근할 수 있게 함으로써 새로운 세계를 열어 놓았다. 영상 기술의 혁신은 새로운 '소우주'(Microcosmos)를 열어 준 현미경의 발명과도 비슷한 효과를 가져왔다.[24]

마테 메오는 최신 '영상 이미지' 기술을 사용해서 발달 지향적 의사소통의 아주 작은 순간을 보여 줄 수 있으며 또한 어떤 상황에 대한 '기억'(Remember)을 돕고 그 상황에 대해 새롭게 '재관찰'(Reobservation)할 수 있도록 방향을 제시한다.

  사회적 상황에 대한 대부분의 기억은 기억할 만한 가치 정도에 따라 뇌에 저장되며 그것은 크고 작은 사건들과 관련되어 있다. 일상생활의 전반적인 진행 상황이 정상적으로 인식될 경우, 즉 일상적인 과정이 긍정적이거나 부정적인 특성이 없을 경우 대부분은 잊어버린다. 또한 기억에 대한 차별성은 우리가 어떤 행동을 하다가 완성했는지 미완성[25]했는지에 관해 기억하는지 여부이다. 특히 강렬한 감정과 관련된 특정한 경험은 더 쉽게 기억된다.[26]

  이것은 과거 상황에 대한 기억은 항상 불완전하지만 여전히 새롭고 유사한 상황에 대한 기대를 형성한다는 점을 분명하게 한다. 따라서 이러한 맥락에서 '기대 수준 모델'(Erwartungsmodell)[27]에 관해서 이야기할 수 있다. '기대 수준 모델'이란 한 개인이 자신의 역할을 성공적으로 잘 수행하는 방식에 관해 가지는 구체적인 행동에 대한 기대 수준을 말한다. 즉 타인이나 자신에 대해서 가지는 기대 수준이 성취에 미치는 긍정적인 효과를 의미한다. 이런 기대 수준의 정도에 따라 지금까지 숙련된 여러 가지 경험이 건설적으로 사용되거나 앞으로 일어날 수 있는 문제를 미연에 방지할 수 있다면 매우 유용하다. 일부 속담에서 보여 주는 삶의 방식에서도 찾아볼 수 있다. 예로 사람들은 '거짓말을 하면 나중에 그가 진실을 말하더라도 믿지 않는다'는 속담이 있다. 속담의 의미는 고정관념적인 기대의 부정적인 측면을 지적하고 있다.[28] 기대하는 것에 대해 예외 상황적인 개방성이 부족한 것이다. 예를 들면 거짓말쟁이로 여겨지는 사람도 다른 상황에서는 진실을 말할 수 있기 때문이다. 이 모델은 편견과 고정관념에 가깝기 때문에 적대적인 이미지를 불러일으킬 수 있다. 고정적이고 과한 기대 수준은 오래된 부부 관계, 부모 자녀 관계와 같이 매우 익숙하고 친숙한 가까운 관계에서 쉽게 발생한다. 이와 같은 경우에 '영상 이미지'는, 특히 긍정적인 순간과 발전 가능성에 큰 가치를 둘 때, 평상시에 익숙하게 여기는 것에 관해서 새로운 시각으로 다시 조명하고 새로운 것을 발견하는 데 도움을 줄 수 있다. 이 방법은 〈3. 마테 메오 영상 이미지에 기반한 상담법〉에서 자세히 설명하겠다.

- '영상 이미지'는 의사소통의 상호작용 수준을 보여 준다. 그 상황에 대해 특별하고 고유적인 것을 보여 준다.
- '영상 이미지'는 보는 사람의 거울 뉴런을 활성화시켜 그 상황에 대해 공감을 불러일으키고 이해할 수 있도록 돕는다.
- '영상 이미지'는 의사소통 기술과 행동 과정을 익히는 절차적 기억을 저장하도록 돕는다. 일반적인 보고서나 설명보다 더 효과적으로 기억할 수 있다.

2

마테 메오
발달 지향적 모델

인간은 아주 옛날부터 공동체 속에서 사회적 존재로 살아가고 있다.[29] 특히 영유아 및 아동뿐만 아니라 노약자, 사회적 취약자들은 그들이 살고 있는 공동체의 보살핌을 더욱 필요로 한다. 인간은 공동체 속에서 태어나고 죽는다. 그곳에 분명한 삶의 시작과 끝이 있다.

영유아에 관한 연구 결과에 따르면[30] 영유아의 발달 단계별 요구 사항에 적응할 수 있는 능력은 직관적이고 생물학적으로 고정된 프로그램[31]에 기인한다는 것을 보여 준다. 이러한 현상은 연령이나 성별에 관계없이 장애가 전혀 없거나 급성 스트레스를 받은 모든 사람들에게서도 관찰할 수 있다. 이렇게 적절한 의사소통[32] 능력은 자동으로 익힐 수 있기 때문에 사실은 어렵게 배울 필요가 없다. 마테 메오 상담 중에 자신을 관찰하는 사람들은 아기와 대화할 때[33] 누군가로부터 배우지 않아도 자동적으로 자연스럽게 대화하는 방식으로 대하게 되었다고 말한다. 즉, 배운 것이 아니라 자연스럽게 대화하는 방식을 스스로 터득한 것이다. 원만한 의사소통이 일어나고 난 후 그 방법을 잊어버리는 용이성은 그것을 특별히 기억할 필요가 없을 뿐만 아니라 신체적 기능이 건강하다는 증거이기도 하다. 사람은 모든 것을 일일이 기억하지는 않는다. 나타나고 사라지는 것은 자연스러운 현상이다. 오히려 생산적으로 작동하는 프로세스는 '생산적으로 잊혀진다'. 결과적으로 모든 주의력과 에너지는 다가오는 도전 과제 그리고 진행 과정에서 발생하는 문제나 방해에 대비해서 사용할 수 있다.[34] 행복하고 성공적인 공존을 위해서는 사회적 상호작용의 방해 요소를 제거하는 것이 중요하기 때문에 그것이 합리적인 것처럼 보인다.

쉽게 그리고 별다른 방해 없이 의사소통이 원만하면 특별한 문제를 일으키지 않는다. 이미 상호 긍정적으로 자연스러운 의사소통 방법을 사용하고 있기 때문이다. 결과적으로 원만한 의사소통에는 건설적인 대화에 긍정적인 기초가 마련되어 있다. 우리가 나무 한 그루를 바라볼 때 숲은 보지 못하는 법이다. 마찬가지로 숲만 바라볼 때는 나무 한 그루를 자세히 보지 못한다. 그동안 심리학은 과학적인 원칙을 세우면서 발전했다. 대부분 문제 중심적인 접근 방식으로 관련 전문 지식을 다루어 왔다. 그러한 사실은 지난 100년 동안의 심리학 분야 논문 주제를 메타 연구한 결과를 통해 밝혀졌다.[35]

최근 심리학은 자원 중심(Ressource-Oriented)의 상담 및 치료의 출현으로 점진적으로 변화하기 시작했다.[36] 문제 중심의 전통적인 심리학적 관심은 심리적 문제와 그로 인한 중요한 사회적 손상과 결핍을 제거하는 것을 목표로 두고 있다. 또한 인간관계에서 발생하는 문제에 관심을 두지 않을 수가 없다. 이를 도외시할 경우 그로 인한 문제는 종종 학대, 범죄 및 극단적인 사건으로 이어지는 등 비극적인 결과를 초래하기 때문에 그 중요성을 간과하지 말아야 한다.

한편 마테 메오 모델은 성장에 도움이 되고 건설적인 관계를 형성하고 발전시킬 수 있도록 자연스러운 대화법을 사용한다. **자기 자신이 이미 가지고 있는 '보물'(Schatz)[37]인 자원을 발견하고 사용할 수 있도록 돕는다.** 이러한 대화는 아주 당연한 일상적인 현실이며 너무 자연스러워서 전혀 특별한 것이 없을 정도다.

6개월 된 아기와 어머니가 하는 짧은 대화 장면을 살펴보도록 하겠다.

> 아기의 이름을 파울이다. 어머니는 아기가 곧 잠에서 깨어날 것을 알아차리고 아기 침대에 몸을 기울이고 미소를 지으며 파울을 바라보면서 그가 깨어나기를 기다린다. 파울은 천천히 눈을 뜨고 엄마 얼굴을 바라보며 미소를 짓는다. 엄마는 부드러운 목소리로 말한다.
>
> "우리 아가 잠을 푹 잤구나"라고 다양한 음색으로 여러 번 반복해서 강조해서 말한다.
>
> "파울 너는 잠을 푹 잤구나."
>
> 그러자 파울은 더 환한 미소를 지으며 "에에에" 하고 소리를 낸다.

"우리 아가 배고프지. 너를 위해 맛있는 분유를 준비해 놓았단다. 자 이리 오렴 아가야"라고 말하면서 침대에서 아기를 들어 올려 엄마 품 안에 안는다.

위와 같은 장면은 별로 눈에 띄거나 특별할 게 없는 자연스러운 모습으로 보인다. 엄마와 파울은 그들의 삶에서 어떤 식으로든 유사한 상황을 수백 번 반복할 것이다.[38] 이런 방식의 빈번하고 반복되는 관계 경험은 어머니와 아이에게 서로에 대한 기대감을 불러일으켜 비슷한 상황에 놓일 때마다 함께 경험을 만들어 가는 모습이 형성되고, 그로 인해 서로 간에 신뢰감과 긴밀한 유대감을 쌓아 나갈 수 있다.

위의 사례가 보여 주는 짧은 장면(Szene)에는 아기의 성장 발달을 촉진시키는 여러 다양한 순간들(Momente)이 포함되어 있다. 일상의 다른 비슷한 상황에서도 그 순간들은 반복될 것이며 각각의 상황에서 일어나는 의사소통을 발전적으로 촉진, 향상시킬 수 있다.

마테 메오 관련 문헌에서는, 이와 같이 발달 과정 촉진이 자연스럽게 일어나는 것에 대해 '마테 메오 요소'(Elemente)[39]라고도 한다. 관찰자들은 엄마와 아기가 소통하는 모습을 아주 자연스러운 현상으로 보고 있으며 대화하는 모습이 아주 빨리 진행되기 때문에 이들의 의사소통 순간들(Momente)을 그들의 관계 증진에 중요한 순간이라고 인식하지 못할 수 있다. 모든 것이 한순간에 잘되고 우호적으로 진행되고 있기 때문에 눈에 특별하게 띄지 않는다. **원만하**

게 일어나는 반복적인 의사소통 패턴은 일상적인 상황에서 의사소통 능력을 향상시키는 기본적인 요소가 되며 그것이 의사소통을 발전시키는 마테 메오 방법의 모델이 된다.

아기와 엄마의 대화 예시는 눈 깜짝할 사이, 약 1분 정도 내에 일어난 것이다. 하지만 그 상황이 영상으로 녹화되었다면, 비디오 상호작용 분석법으로 그들이 대화를 나누는 '순간순간'(Moment für Moment)의 모습을 아주 미세한 단계로 나누어 볼 수 있다. 이때 의사소통의 발전을 촉진시키는 의미 있는 순간도 발견할 수 있다. 이런 의미에서 마테 메오 영상 이미지에 기반한 상담 기법과 비슷한 방식으로 위 사례의 순간순간을 작은 장면으로 자세히 나누어 다시 살펴보도록 하겠다.

마테 메오 기본 요소
- 이니셔티브를 따른다(Following an Initiative).
- 이니셔티브를 주의 깊게 기다린다(Attentive Waiting).
- 좋은 표정을 짓는다(Good Face).
- 좋은 목소리 톤으로 말한다(Good Ton).
- 이니셔티브를 명명한다(Naming an Initiative).

#1. 어머니는 아기가 곧 잠에서 깨어날 것을 알아차린다.

아이들의 원만한 의사소통 능력 발달을 촉진시키는 대화 기술의 필수 전제 조건은 각 상황에서 각자의 사회적 역할을 분명히 해야 한다는 것이다. 예를 들어, 엄마와 아기 두 사람만 있는 상황에서 아기를 돌볼 책임은 두말할 것도 없이 전적으로 어머니에게 있다.[40] 이때 부모는 '양육자'로서의 역할을 책임 있게 수행해야 한다.

이 장면에서 어머니는 아기에게 전적으로 주의를 기울이는 가운데 아기가 곧 깨어날 것을 알아차렸는데 그렇게 쉽게 알아차릴 수 있는 일은 아니다. 아기에게 계속 세심한 주의를 기울였기 때문에 가능한 일이다. 많은 보호자들은 여러 다양한 이유로 아이에게 각별한 주의를 기울여 보살피지 않는다.[41] 아기는 아직 자신의 욕구와 요구 사항을 언어로 표현할 수 없기 때문에 나이 많은 아이들보다 더 각별하고 세심한 보살핌과 관심, 주의를 필요로 한다.

#2. 어머니는 아기 침대에 몸을 기울여 미소를 짓고
　　파울을 바라보면서 깨어나기를 기다린다.

부모는 본능적으로 영유아 및 아동과 함께 접촉하려면 친밀감이 필요하다는 것을 알고 있다. 이런 이유로 어머니는 아기 침대에 몸을 기울여 파울이 눈을 뜨면 곧바로 어머니를 볼 수 있도록 자세를 취한다. 그녀의 부드러운 표정과 온화한 미소로 아기에게 "나는 너를 만나서 기쁘다"라고 강력한 사회적 신호를 보낸다. 부모의 좋은 표정은 자녀에게 항상 자기 자신을 "나는 소중한 사람이다"라고 확신을 가지게 한다.

따라서 어머니는 부모 자녀 간의 관계를 원만한 분위기로 이끌 수 있다. 파울과 어머니의 원만한 분위기는 사회적 및 정서적 교류를 가능하게 하고 촉진시켜 둘 사이의 유대감[42]을 가지게 한다. 동시에 어머니가 부드러운 표정을 지음으로써 두 사람 간의 긍정적인 출발을 예고한다. 긍정적 출발은 어머니가 파울을 현재 상황에 참여할 수 있도록 초대하는 것에서부터 시작한다.

어머니는 아기가 눈을 뜨기를 기다리고 있다. 전혀 서두르지 않는다. 아기가 하는 행동과 반응을 세심하게 기다려 주는 것은 아기가 자신의 속도로 자신을 표현할 수 있도록 돕는다. 어머니가 아기를 기다려 주는 행동은 아기가 "나는 나 자신의 행동과 생각을 위한 시간이 충분히 있어"라는 소중한 경험을 하게 한다. 이것은 아기가 자신의 아이디어, 이니셔티브(역자: 자발적이고 주도적으로 자신의 일을 이끌어 나가는, '스스로 하는 것'이다. 행동, 행위, 언어 표현 등) 및 창의적 발상[43]을 개발하기 위한 필수 전제 조건을 제공한다.

#3. 천천히 눈을 뜨고 엄마 얼굴을 바라보며 미소를 짓는다.

파울은 친근한 어머니의 얼굴을 살펴본다. 사람의 얼굴 표정과 목소리의 톤은 다양한 사회적 상황에 놓여 있을 때 분위기를 파악하는 데 사용할 수 있는 가장 의미 있는 사회적 정보다. 얼굴 표정을 인식하는 능력은 사회적 상호작용의 시작이자 결과이다. **부드러운 어조의 목소리뿐만 아니라 '좋은 표정'(역자: 일반적으로 온화하고 친**

절한 표정)은 상대방으로 하여금 환영의 메시지를 느끼게 하고 원만한 상황이 될 것이라는 긍정적인 기대감을 불러일으킬 수 있다.** 아기는 어머니의 좋은 표정을 더 쉽게 바로 알아차릴 수 있다.[44] 이에 건강한 아기는 어머니에게 자신의 좋은 표정으로 답한다. 따라서 아기는 대화하는 상대방에게 긍정적인 메시지를 준다. 이런 방식으로 '좋은 대화'(역자: 원만한 대화)가 진행되기 위한 준비가 갖춰진 것이다.

#4. 어머니는 부드러운 목소리로 말한다.
 "우리 아기 안녕, 폭 잘 잤니?"라고 그녀는 다양한 목소리 톤으로 반복해서 말한다. "오, 아가야 폭 잤구나."

 어머니의 부드러운 목소리를 듣는 순간에 아기는 어머니가 어떤 기분인지 알아차린다. 그녀는 파울이 어머니에게 관심을 집중하도록 하는 데 도움이 되는 한마디 "안녕"으로 말을 건네기 시작한다. **아기에게 '주의를 끄는 목소리 톤'은 새롭고 흥미로운 무언가가 시작되고 있음을 알리는 신호이다.** 대화로의 초대이기도 하다. 어머니가 현재 일어나고 있는 모든 상황에 대해 전달해 주는 이야기를 통해서 어머니가 현재의 상황에 대해 얼마나 긍정적으로 생각하고 있는지 파악할 수 있다. 그녀가 말해 주는 것은 아기에게 사회적 정보이다. 어머니는 말하고 아기는 그것을 듣고 그들 간의 대화가 시작된다. 이에 아기는 현재 어머니가 아기인 자신을 돌보고 있구나, 라고 여기고 그녀에게 신뢰감을 가질 수 있다.

#5. 그녀는 "우리 아가야, 너는 잠을 푹 잤구나"라고 다양한 목소리 톤, 음색으로 여러 번 반복해서 강조해서 말한다.

직관적으로 같은 말을 반복적으로 되풀이하면 언어 이해에 도움이 된다. 이렇게 반복적으로 '당신'(You)을 강조함으로써 파울은 '당신'(You)이 자신을 의미한다는 것을 이해할 수 있다. 이러한 방식의 의사소통으로 자신이 독립적이고 자주적인 사람임을 알게 된다. '나'(I)와 '당신'(You)이라는 독립적인 사람임을 명명하는 것은 두 사람의 자주적인 사람들이 서로 접촉하고 있음을 분명히 나타낸다. 그 순간 아이들은 어머니도 자신만의 행동, 생각, 소원을 가지고 있는 독립적인 개인임을 배울 수 있다. 아이는 자신이 다른 사람들과 다른 한 개인이라는 것을 알 수 있다.[45] 또한 다른 사람을 만나는 순간 각자의 세계에서 각자 새로운 것을 느끼고 서로 다른 차이점을 존중하고 이해하는 법을 배운다. '나'(I)와 '당신'(You)은 대화의 기본 요소이며 인간 이해의 기본 형태이다.

#6. 파울은 더 환한 미소를 지으며 "에에에" 하고 소리를 낸다.

파울 자신도 어머니와의 대화를 즐기고 있으며 어머니가 말하는 뜻을 이해했다는 듯이[46] "에에에"라고 신호로 응답해 준다. 파울은 어머니에게 꽤 괜찮은 대화 파트너임을 증명하듯이 답해 준다.

#7. 어머니는 다음과 같이 말한다.
"우리 아가, 배고프지. 엄마가 너를 위해 맛있는 우유를 준비해 놓았단다. 자, 이리 오렴 아가야."

어머니는 현재 상황에서 일어날 일을 미리 알려 주고, 그녀가 방금 전에 말한 것을 다시 반복해 줌으로써 파울은 자신의 주변 환경에 신뢰와 안전감을 경험할 수 있으며 앞으로 어떤 일이 일어날지 예측할 수 있다. 파울은 앞으로 어떤 일이 일어나더라도 주어진 상황에 원만하게 적응할 수 있을 것이다. 이런 성장기의 경험은 장차 아기가 커서 다른 사람과 원만하게 지낼 수 있는 초석이 된다. 또한 자기효능감이 높은 아이로 성장시킬 수 있다. 파울의 입장에서 지금 어떤 일이 일어나고 그다음에 어떤 일이 일어나는지, 자신이 무엇을 해야 하는지를 안다면 그에 맞게 자신의 행동을 조정할 수 있다.

위 사례는 아동의 성장 발달을 촉진시키는 각각의 순간을 자세히 보여 준다. 다시 말하면 **마테 메오의 기본 요소는 아이들과 자연스럽게 지내는 일상생활 속 상호작용에 다 들어 있다.** 또한 아동을 대하는 기본적인 방법을 포함하고 있다. 그 방법은 사실 숨 쉬기 좋은 맑은 공기처럼 일상생활 속에서 만족스럽고 즐겁게 보내는 곳이면 어디에서나 발견할 수 있다. 이를 발견하는 가장 좋은 방법은 비디오 상호작용 분석을 통해 원만하고 긍정적인 관계가 형성되는 최고의 '반짝이는 순간'을 자세히 살펴보는 것이다. 이와 유사한 방식으로 다른 사람과 함께 있는 일반적인 상황에서 일어나는 개별 행동과 그 반응의 의미를 발견하는 것이 좋다. 위 사례로 본 어머니는 서두

르지 않고 아기의 이니셔티브(역자: 아이의 주도권, 자율권 등)를 존중하고 기다려 주는 모습을 보여 준다. 어머니는 아이의 이니셔티브를 존중하고 따라가면서 자신의 자녀가 지금 이 순간에 무엇을 하고 있는지를 알게 된다. 파울은 어머니가 자신 그리고 자신의 세계에 연결되어 있음을 알 수 있다. 그에게는 그가 이 세상에서 혼자가 아니며 그가 중요한 존재임을 느끼게 한다. 일반적인 아동이 이와 유사한 상황이나 순간을 충분히 경험할수록 자신과 자신의 행동 및 그 반응에 대해 자신감을 키운다. 파울 자신이 능동적이고 유능하다고 여기는 경험이 많을수록 그는 지속적이고 긍정적으로 인성을 발전시켜 나갈 수 있다.[47]

대처 행동, 즉 자신의 행동 및 반응 방식을 발전시킨다. 따라서 아동의 인성 개발은 지속적으로 지지를 받게 된다. 파울이 스스로 어머니와 긴밀하게 연결되어 있다고 유대감을 인식할 때, 즉 어머니가 지금 일어나고 있는 상황과 다음에 다가올 상황도 예측하며 알려 줌으로써 파울의 능동적이고 유능한 성장 발달을 돕는다.

파울이 어머니와 정서적으로 연결되어 있다고 여길 때, 어머니가 다음에 어떤 일이 일어나는지 능동적으로 알려 준다면 파울은 어머니가 현재 일어나고 있는 상황에 대해서 잘 파악하고 있고 앞으로 일어날 일에 관해서도 잘 알려 줄 것이라는 믿음이 생긴다. 이런 방식으로 아기와 함께하는 순간에 어머니는 리더로 앞장서고, 파울은 특히 어머니가 말한 것을 이전에 경험한 적이 있기 때문에 스스로 안전하다고 느낄 수 있고 어머니를 신뢰할 수 있다. 아이가 이와 같은 상황을 충분히 경험하면 어머니 또는 아버지와의 관계에서도 안전하다고 느낀다. 일반적인 가족의 일상생활에서는 그들의 사회적 상황에 따라 구성원들 간에 서로 번갈아 가며 이끌거나(leiten) 따르게(folgen) 된다. 이에 아이들은 부모로부터 다양한 사회적 상황을 이해하고 구별하는 법을 배운다. 대부분은 어른들이 무슨 일이 일어날지를 결정하는 상황도 있고 또는 아이들이 결정하는 상황도 각각 있다. 요약하면, 부모는 놓여 있는 상황에 따라 아이들에게는 매 상황에 따라 다르게 보인다. 즉 여러 가지 상황이 일어날 때마다 다양한 양육 태도를 보인다. 우리는 이를 다양한 양육 태도를 가지고 있는 부모이면서 '교육적인 존재'(Präsenz)라고 말하기도 한다.[48]

결과적으로 다른 사람을 이끄는(leiten) 존재와 다른 사람의 리드에 따르는(folgen) 존재로 구분할 수 있다. 부모가 자녀를 따르는 역할을 해 주는 순간에 자녀는 부모의 이끌고 따르는 지원을 통해 각 상황에서 유능하게 행동하는 방법을 터득한다. 부모는 다양한 역할을 가진 존재로서 아이의 인성 발달이 바람직하게 이루어질 수 있도록 양육하고 교육해야 한다. 또한 아이가 다양한 상황에 맞게 올바르게 대처할 수 있도록 키워야 한다.

아동의 인성 발달을 위해 성장 과제를 지원하는 부모의 양육 및 교육 태도

**아동의 인성 및 역량 발달을 위해
부모는 아이를 대할 때 존중해 주세요**

- 원만한 분위기에서 좋은 표정과 목소리로 대하기
  (역자: 부드러운 음색과 온화한 표정)
- 부모의 책임하에 명확한 구조 만들어 주기
- 아이의 행동 및 반응에 대해 기다려 주기
- 아이의 주도권 및 관심사에 대해 주의 기울여 주기
- 아이의 주도권 및 관심사에 대해 인정해 주기
- 아이의 주도권 및 관심사에 대해 명명해 주기

**아동의 사회적 기술 및 능력 발달을 위해
아이를 대할 때 긍정적인 방법으로 이끌어 주세요**

- 단계별로 행동 요령 말해 주기
- 부모가 취하는 행동에 대해서 말해 주기
- 전체적인 상황에 대해서 말해 주기
- 자신의 생각과 감정을 말하기
- 친근하고 협조적인 목소리 톤으로 말하기
- '나'(I)와 '당신'(You)을 구분해서 말하기
- 시작과 끝을 분명하게 말하기

아동은 자신을 이끌거나 따르는 부모 또는 성인으로부터 다양한 상황에 맞게 대처하는 방법을 배운다. 이 과정을 통해 자신의 존재감을 형성하고 대처 능력을 발전시킨다.

일반적인 상황에서 적절하게 자녀를 이끌고 따르는 부모의 여러 가지 양육 태도를 통해서 그들 또한 주어진 상황에 적절한 대처 행동 양식을 학습한다. 곧 자신의 대처 능력을 발달시킨다.

성장 발달 과정에 대한 지원은 아동이 성장하는 데 필수 요인이므로 아동은 당연히 그 지원의 영향을 받기 마련이다. 그러나 일상생활에서 부모나 보호자가 아동의 지속적인 성장 발달을 촉진하기 위해 매일 매 순간마다 행동할 수도 없을뿐더러 해야 하는 것은 결코 아니다. 만일 필요한 모든 지원을 다 해 준다면 아동 스스로 현실적인 상황을 파악하는 능력을 제대로 키우지 못하고 또한 다른 사람들과 다른 의견 및 생각의 차이와 그로 인한 갈등을 건설적으로 다루는 방법을 배우는 것이 어려울 것이다. 또한 갈등 상황에서 그 문제를 해결하고 상대방과 다시 화해하고 용서하는 것을 배우는 것은 더더욱 어려울 것이다.

의사이자 정신분석학자 도널드 우드 위니컷(Donald Woods Winnicott)은 '충분히 좋은 어머니'(Good Enough Mother)라는 개념으로 아기를 건강한 인격체로 키우기 위해 엄마의 역할이 얼마나 중요한지 인식할 필요가 있다고 하였다. 이것은 항상 '좋은'(Good) 부모 또는 교육자, 치료자여야 한다는 것이 아니라 '충분히 좋은 부모'(Good Enough Parent, Hinreichende gute Eltern) 또는 교육자, 치료자가 되기 위해 노력하는 것이 중요하다는 점을 강조하였다.[49]

마테 메오
영상 이미지에 기반한 상담법

마테 메오(Marte Meo) 상담은 영상 이미지에 기반한 방법으로 사람들의 성장 발달에 필요한 정보를 다양하게 제공하고 다룬다. 영상 미디어에 기반한 시각적 정보는 내담자(대상자)로 하여금 일상생활에서 '자신의 힘'과 방법으로 자신의 목표를 달성할 수 있도록 돕는다.

마테 메오 상담은 상담자와 내담자 간의 상호 협의를 기반[50]으로 하는 상담 지원 서비스이다. 상담 목표는 상담자와 내담자가 협의하여 정한다. 그 외 진행 방식도 협의한다. 상담 시간과 일정, 장소, 회기당 소요 시간도 협의하여 정한다. 비밀 엄수 및 영상 자료에 대한 비밀 보장 등에 대한 안내도 필수적으로 제공해야 한다. 필요한 경우 상담 비용 책정에 대한 내용도 협의해야 할 사항이다. 개인 영상 촬영 및 영상 정보 보호에 따른 책임 있는 관리 등을 자세하게 안내하고 서면 동의가 필요하다.

상담자는 내담자에게 개인 영상 촬영 및 영상 정보 보호에 따른 책임 있는 관리에 관해서 설명하고 동의를 구하는 시점부터 상호 신뢰 관계를 구축할 수 있다. 상담자와 내담자의 상호 신뢰 관계 형성이 상담의 기본이자 시작이다. 상호 신뢰 관계를 형성하기 어렵다면 마테 메오 영상 이미지에 기반한 상담 기법이 내담자에게 적절하지 않을 수 있으며 오히려 해로울 수 있다.

또한 상호 협력적인 관계에 기반한 상담 진행을 위해서 내담자가 상담자에게 상담을 의뢰하고 이에 상담자가 내담자와 상담할 것에 동의하는 과정을 거치고 상담을 시작해야 한다. **상담 과정에서 내담자는 스스로 자신의 문제를 해결할 수 있으며, 상담자는 이를 위해 내담자에게 조력하는 역할을 할 것이라고 알려 준다.** 상담 관계 형성 과정에서 상담 목표 설정, 목표를 수행하기 위한 과제 합의 및 선택, 상담 절차 및 방법, 상담자와 내담자의 역할 및 규범 등 상담을 진행하는 과정에 필요한 조건 등에 대하여 구조화하여 설명해 준다. 상호 신뢰 관계를 기반으로 함께 협의해야 한다. 마테 메오 상담자는 의료적 또는 물리적 치료[51]처럼 증상이 드러난 문제에 대해 직접적으로 문제 해결 방안을 제시하기보다는 내담자가 호소하는 문제의 특성, 배경 및 상황, 내담자의 가능성 및 강점, 지지 체계 및 자원을 충분히 고려하여 '자신의 힘'으로 문제를 해결할 수 있도록 돕는 데 중점을 둔다. **내담자에게 긍정적이고 효과가 있는 것에 초점을 두고 상담 목표를 설정하고 진행한다.**

- 마테 메오는 내담자의 일상생활을 카메라로 촬영한 후 영상 이미지에 기반한 관찰 주도 상담·교육·치료·코칭 기법이다. 상담 신청 및 동의 후 시작한다.
- 마테 메오는 내담자가 일상생활에서 다른 사람과 의사소통 및 상호작용하는 모습의 영상 클립을 관찰·분석하는 상담 기법이다.
- 상호작용하는 영상 클립 중에서 반드시 내담자의 긍정적인 상호작용에 중점을 둔다.
- 상담은 내담자의 개별 상황을 충분히 고려하여 협의하여 진행한다.

마테 메오는 내담자가 생활하고 있는 일상적인 모습을 카메라로 짧게 촬영한 후 '관찰에 기반한 선별 영상 클립'(역자: 비디오 상호작용 분석법을 사용한다)을 상담에 사용하는 영상 이미지에 기반한 상담 기법이다.[52] 이런 점에서 마테 메오는 영상 이미지 관찰에 기반한 상담의 형태라고 할 수 있다. 이 기법은 상담이 필요한 다양한 분야 및 임상 장면에서 유용하게 활용할 수 있다. 교육, 상담, 치료, 복지, 보호 등 여러 다양한 전문직 종사자들은 그들의 내담자 및 대상자인 아동 및 청소년과 그들의 부모나 가족, 부부 및 커플들을 대상으로 자신과 타인의 행동 변화를 위해 선별된 영상 클립, 즉 영상 이미지를 상담, 교육, 치료, 코칭 등에 사용하고 있다. 또한 마테 메오 전문가는 상담뿐만 아니라 교육의 일환으로 다른 사람들을 대상으로 자격 취득 교육 과정을 개설하고 강의하거나 일대일 또는 다수를 대상으로 코칭 프로그램을 제공할 수 있다.[53]

마테 메오 기법을 적용하는 각 임상 분야에 따라 중점을 두는 요소에 약간 차이가 있다. 각 분야에서 하는 일은 조금씩 달라도 마테 메오의 기본 원칙과 지침에 따르는 것은 동일하다. 본서에서는 마테 메오를 적용하는 다양한 임상 분야의 모든 주제를 다루기에는 한계가 있다. 따라서 부모 자녀 관계 및 상호작용에 대한 사례를 들어 집중적으로 설명하겠다.

스칸디나비아반도 인근 국가에 살고 있는 마테 메오 전문가는 마테 메오 상담 기법을 익히는 것에 관해 '공중에 세 개의 공을 동시에 던지고 차례로 주고받는 저글링(Juggling)을 하는 것과 같다'고 비교하기도 한다.[54] 저글링이 의미하는 전문성이란 다음과 같다.

영상 이미지 상담 이해와 상담 전반에 필요한 상담 기법
상담 목표에 적합한 비디오 상호작용 분석과 선별력
'자신의 힘'으로 문제 해결 능력을 증진할 수 있도록 촉진과 조력

첫 번째, 마테 메오 상담자는 영상 이미지에 기반한 상담의 특성을 잘 이해하고 상담에 필요한 사항들을 준비해야 한다. 우선 상담자는 상담에 필요한 영상기술을 익혀야 한다. 또한 조용하고 편안한 상담 공간을 마련해야 한다. 내담자가 영상 화면을 잘 볼 수 있고 상담자가 내담자의 행동 및 반응을 잘 볼 수 있도록 자리를 배치해야 한다. 마테 메오 상담자는 영상 이미지에 기반한 상담 기법을 사용해서 내담자에게 상담을 적절하게 제공할 수 있도록 상담 전반에 필요한 전문적인 상담 기법을 알고 있어야 한다.

두 번째, 마테 메오 상담자는 상담 목표에 적합한 영상 클립을 선별하고 내담자의 성장 발전을 촉진시키기 위해 '순간순간' 영상 클립을 다룰 때마다 그에 필요한 관련 정보를 제공할 수 있어야 한다. 즉 해당 분야에 필요한 전문성을 갖추고 있어야 한다.

마지막으로, 마테 메오 상담자는 내담자가 상담 경험을 통해 실생활에서 일어나는 자신의 문제를 효과적으로 대처할 수 있도록 도울 수 있어야 한다. 그에 필요한 전문성을 갖추어야 한다.

마테 메오 상담자 유의사항

- 상담의 전반적인 과정과 방법에 대해 알리고 상담 목표를 수립하고 구조화한다.
- 상담자와 내담자 상호 신뢰 관계를 기반으로 협력하고 상담 목표와 주요 과제를 협의한다.
- 상담 목표 및 주요 과제에 가장 적합한 영상 이미지와 연결지어 떠오르는 내담자의 생각과 감정에 대해 이야기를 나누고 '자신의 힘'을 바탕으로 스스로 성장할 수 있도록 돕는다.

일반적으로 상담은 내담자가 호소하는 문제를 해결하기 위해 상담자의 조력이 필요하다. 마테 메오 상담자는 내담자 자신이 아직 인식하지 못한 '문제에 감춰진 메시지'[55]를 발견할 수 있도록 돕는다. 그 메시지를 발견하기 위해서 내담자에게 다음과 같이 접근할 수 있다.

- 어떤 개인이 문제를 가지고 있거나 문제 발생이 예상되는 경우 그 문제를 예방하고 대처할 수 있는 능력이 있는가? 예방 및 대처 방법을 배워야 하는가?
- 일상생활에서 '자신의 힘'으로 스스로 문제를 해결하고 대처하기 위해 언제(When) 무엇이(What) 왜(Why) 필요한가?

마테 메오 상담자는 위와 같은 질문에 답하기 위해 아동의 정상적인 성장 발달 과정과 필요 시 어떤 도움을 필요로 하는지 파악할 수 있다. 일상생활 속에서 부모가 자녀를 대하는 방법, 문제에 대한 예방 및 대처 방법 등 양육 태도를 파악하는 것이 바람직하다.[56] 일상적인 양육 태도를 파악함으로써 실생활에 필요한 조언 및 정보를 제공할 수 있다.

<u>아이에게 '명명'(Naming)을 통해 의사 표현을 도운 사례</u>

  4세 아들 얀을 둔 어머니는 아이가 유치원에서 일으키고 여러 가지 문제를 겪고 있어서 그 문제를 해결하기 위해 얀과 함께 가족 상담센터를 방문하게 되었다. 유치원 관계자 및 주변 사람들에게 아이는 심각한 '말썽꾸러기'로 불리고 있다. 어머니도

가정에서 얀을 지도하기가 힘들어하던 어느 날 유아교사는 어머니와 얀에게 심리 치료를 권고한다.

이에 유치원에서 얀의 행동을 카메라로 촬영하여 관찰하는 영상 이미지에 기반한 상담을 시작하게 되었다. 영상에 녹화된 얀의 모습은 다른 아이들의 놀이 활동에 관심은 있지만 자연스럽게 다가가거나 잘 어울리지 못하고 자신이 원하는 놀이나 방법을 언어로 잘 표현하지 못하고 있었다. 아직 사회성이 충분히 발달되지 않았다. 또래들과 어울려 놀기가 어렵고 다른 아이들이 이해하기 어려운 행동이나 모습을 자주 보이고 있다. 유치원의 또래 아이들은 얀을 방해꾼으로 여긴다. 얀은 다른 또래 아이들에게 주먹질을 하는 등 갈등이 자주 일어난다. 유아교사들은 얀의 문제 행동에 대해 긴급 회의를 소집하기에 이른다. 유아교사 입장에서는 아이들이 모여서 놀고 있는 근처를 서성이기만 해도 아이들 간에 싸움이 발생할까 봐 노심초사하는 지경에까지 이르렀다.

마테 메오 상담사는 얀이 가지고 있는 문제에 관한 설명만을 고수하는 대신 문제를 해결하기 위해 '문제에 감춰진 메시지'를 찾기 시작한다. 얀은 놀이를 함께 하고 싶은 자신의 생각을 말로 표현하는 법을 제대로 터득하지 못했다는 것을 발견한다. 이에 또래 아이들은 얀이 어떤 행동을 할 것인지를 예측할 수 없었고 자신들의 놀이를 방해할 것만 같아서 두려웠던 것이다. 그래서 얀 자신이 하는 놀이 활동에 대해서 이름을 지어 부르기로 했다. 놀이에 '이름'을 지어 부르자(Bennenen, Naming) 또래 아이들은 얀이 하고자 하는 행동이나 놀이 방법을 이해하게 되었고 그가 어떤 행동을 할지 예측할 수 있게 되었다. '자신의 놀이 활동에 이름을 지어 부르면서' 그도 다른 아이들과 함께 놀이 활동에 어울릴 수 있게 되었다.

마테 메오 상담자는 아동이 가지는 문제 행동의 원인만 찾기보다는 문제의 해결 방법을 찾는 데 더 큰 노력을 한다. 아동의 행동을 관찰한 결과 또래 아동들과 함께 놀이할 때 의사 표현 능력이 미흡한 것으로 나타났다. 또래 아동들은 얀이 하는 행동의 의미를 알아차리지 못했던 것이다. 얀은 아이들 놀이에 방해꾼으로만 여겨졌다. 함께 어울리고 놀고 있는 상황에서 다른 아동들이 이해할 수 있도록 얀의 의사 표현 능력이 나아져야 한다. 놀이 상황에 적절한 행동과 언어를 사용함으로써 다른 아동들과 소통할 수 있다. 자신이 처한 상황에 적절하게 의사 표현을 해야 다른 아동들도 이해할 수 있다.

마테 메오 상담자는 여러 다양한 임상 관찰을 통해서 아동들이 부모 또는 주변 사람들과 교류를 통해 자연스럽게 자신의 의사를 표현하는 법을 학습한다는 것을 알고 있다. 특히, 자신이 자연스럽게 하는 행동에 대해서 언어로 충분히 표현하지 못하는 아동의 경우, 부모는 자녀가 자발적으로 하고자 하는 행동에 관해서 가장 단순하고 쉬운 단어를 사용해서 말해 주도록 한다. 그 단어로 아동은 현재 자신의 행동과 단어로 묘사되는 행동을 연결 지을 수 있다.

아동이 탁자에 놓인 자동차 장난감을 가지고 싶어서 팔을 뻗어 올리고 알아듣지 못하는 단어로 "으으으"라고 한다. "그래~ 지금 자동차 장난감을 가지고 싶구나. 이것은 '부릉부릉' 달려가는 자동차란다." 부모는 아동의 행동을 통해 원하는 욕구를 파악하고 자녀의 행동을 묘사하는 단어를 사용해서 의사 표현을 돕는다. 이와 같은 과정을 통해 아동은 다음과 같이 학습할 수 있다.

- 자신이 무엇을 하고 있는지 알 수 있다.
- 자신의 행동에 집중할 수 있다.
- 자신의 행동을 말로 설명할 수 있다.
- 다양한 사물의 명칭, 행동, 소망, 감정 등을 표현하는 단어들이 있다는 것을 알 수 있다.
- 자신의 행동을 다른 아이들에게 언어로 설명하고 같이 어울려 놀 것을 제안할 수 있다.
- 이와 같이 자기 의사를 적절하게 표현하고 놀이를 즐길 수 있다.

아동은 자기 의사를 언어로 표현함으로써 자신과 그들의 주도권, 생각, 아이디어, 소망, 계획 및 감정에 관해 다른 사람의 관심을 끌수 있다. 성인의 지지와 도움을 바탕으로 자신에 대해 인식하는 법을 배울 수 있다. 긍정적인 자기 인식을 가진 아동은 나아가 자신의 행동을 스스로 조절할 수 있는 아이로 성장한다. 아동의 성장 발달 과정[57] 동안 성인은 특히 아동과 그들의 이니셔티브에 세심한 주의를 기울여야 한다. 아동과 함께 있을 때에 그들이 가지고 있는 자신만의 계획, 희망, 소망에 관해서 충분히 대화로 다루어 준다.[58] 그것들에 관해 이야기를 나누는 동안 아이가 가장 중요하고 소중하게 여기는 것들에 관해 알아 가면서 그들의 세계를 좀 더 깊이 이해할 수 있다.

얀의 사례를 통해서 **성장 발달을 촉진할 수 있는 자연스러운 의사소통 방법을 구체적으로 알려 줄 때** 부모와 자녀에게 도움이 되는 것을 알 수 있다. 원만한 상호작용과 대화 기술은 아이의 문제 행동 속에 감춰진 '메시지'를 발견하고 난 뒤 아이의 성장 발달 단계에 맞게끔 지원 방법을 찾아가는 데 도움을 준다.

아동의 문제 행동을 새로운 발달 단계가 필요한 시기로 보고 변화의 기회로 인식하면 자신이 직면한 어려움을 대처하는 데 자신감을 가질 수 있다. 이때 대처 방법에 대한 구체적인 정보가 필요하다.

1. 문제 발생

▼

문제에 감춰진 '메시지' 발견
'아직 배우지 않았거나 발달되지 않았을 뿐이다.'

▼

2. 지원 방법 탐색

일상생활에서 도움이 필요한 순간 발견 후
발달 단계에 적절한 지원 기회 마련

▼

3. 지원 서비스 제공

상담 지원 및 지지적인 태도에 관한 목표 협의

▼

4. 지원 서비스 평가

영상을 통한 행동 변화 평가, 다음 단계 협의

위와 같이 진행하기 위해 상담 중에 주제에 맞게 선별된 영상 클립을 보고 이에 대한 생각과 감정, 해석을 다루는 것은 자기 인식 및 행동 변화에 매우 도움이 된다. 평상시의 모습을 촬영한 영상 클립은 자신이 어떤 의도와 목적을 달성하기 위해 현재의 행동을 하고 있는지, 상호작용하는지에 관한 모습을 보여 준다.[59] 영상 정보를 통해 그가 어떤 특정한 상황에서는 성공적으로 행동하는 모습을 확인할 수 있다. 이어서 상담자의 도움을 받아 자신에게 내재된 발전 가능성과 긍정성을 새롭게 발견하고 행동 변화를 활성화할 수 있다. 내담자가 평상시와 다른 방식으로 행동해 보고 또 그 모습을 직접 촬영해 보면 어떤 상황에서 어떤 방식으로 성공적인 행동이 일어나는지, 그 행동이 상대방의 행동에 어떤 영향을 주는지 객관적으로 관찰하고 확인할 수 있다.

얀의 사례에서, 유아 교사들은 녹화한 영상을 통해 얀이 자신이 원하는 바에 관해서 여러 번 자기 의사를 표현하고 있는 상황을 보면서 아이를 좀 더 이해하게 되었다. 영상 클립을 보기 전에는 아이가 자기 나름의 방식대로 자신이 원하는 것을 표현하고 있다는 것을 잘 알아차리지 못했으며 아동의 발달을 위해 아이가 하는 행동, 감정, 생각 등에 관해 '명명'해 주는 것의 중요성을 잘 인식하지 못했다. 하지만 마테 메오 상담을 통해 아이의 욕구나 요구에 대해 '명명'해 주는 것이 아동을 이해하는 데 매우 중요하다는 것을 명확히 알게 되었다. 이제 그들은 얀의 유치원 생활 적응을 돕고자 아이가 하는 행동과 활동에 '이름을 짓고 단어로 연결지어 말하는 명명하기 방법'을 실천하였다. 이런 방식으로 얀의 일상에 적용하고 연습한 후 그는 또래들과 원만하게 어울리게 되었다. '자신의 힘'으로 아이들과 사이좋게 지내는 방법을 익히게 되었다.

마테 메오 상담이 주는 결정적 효과는 내담자의 특성과 상황, 상담 목표에 적합한 영상과 그 장면을 선별하는 전문성에 있다. 마테 메오 상담자는 내담자의 일상생활, 예를 들어 한 명의 부모와 한 명의 자녀가 함께 자유롭게 놀이하는 장면을 비디오로 촬영하고 비디오 상호작용 분석(Video Interaction Analysis)을 통해 상담 목표에 가장 적합한 장면을 선별한다.[60]

상담 목표는 상담의 초기 과정에서 상담자와 내담자가 협의하여 설정하며, 내담자가 호소하는 문제 속에서 좀 더 나아지려는 욕구를 탐색 및 발견하고 명료화해야 한다. 상담을 통해 성취하고 싶은 것, 변화하고 싶은 것 등에 대해 상담 목표를 구체적으로 수립한 후 가장 적합한 영상 클립 및 영상 컷을 선택해야 한다. 내담자의 상담 동기와 목표, 원하는 도움을 정확히 파악하고 있어야 한다. 상담 및 치료 시작 시 일반적으로 필요한 상담 접수 및 안내, 상담자와 내담자 간에 신뢰 관계를 바탕으로 한 상담 진행에 관한 설명 등 구조화는 여느 상담 방법과 동일하다.[61]

또한 비디오로 영상을 촬영하는 동안 일어나는 일에 관해 누가 어떤 책임이 있는지에 관해 설명해 준다. 부모와 어린 자녀 관계 영상 촬영일 경우 전적으로 부모나 그 보호자에게 모든 책임이 있다는 점을 분명히 한다. 상담에 책임감을 가지고 더 적극적이고 능동적으로 참여할 수 있도록 격려한다.

연령이 높은 아동 및 청소년, 청년의 문제 행동에 대한 결과로 책임을 져야 할 경우가 있다. 연령이 높아질수록 자신이 저지른 행위의 결과에 따라 책임이 따라온다. 그 책임을 다하기 위해 의무 교육이나 상담에 참석해야 할 경우도 있다.[62]

위의 파울과 그의 어머니 사례를 살펴보면 파울은 아직 어린 아기이며 부모는 아들의 건강한 성장에 대해 전적인 책임이 있다. 자녀 양육에 관한 모든 책임은 부모에게 있다 해도 과언이 아니다. 부모와 자녀 간 상호작용은 '부모 하기'에 달렸다. 이런 의미에서 아이의 행동은 전적으로 부모의 책임이라는 것이다. 일상적으로 나누는 대화나 놀이에서 자유로운 상호작용하는 상황은 공동 행동을 수행하거나 공동의 목표를 달성해야 하는 상황과는 차이가 있다.[63]

물론 자유로운 의사소통 또는 의도가 있는 의사소통이 번갈아 가며 진행될 것이다. 예를 들어, 어머니가 파울에게 부드러운 눈빛을 보내면서 자연스럽게 소통할 준비가 되었다면 이제 아기는 엄마의 말을 들을 준비가 되었다. 이어서 어머니는 계속해서 다음 단계에 일어날 일에 대해서 알려 주고 그들의 대화는 지속된다. 이와 같이 어머니와 함께 소통하면서 자연스럽게 원만한 소통 방법을 터득할 수 있다.

상담자는 내담자가 상담을 통해 성취하고자 하는 결과 즉, 합의한 상담 목표를 효과적으로 달성하기 위해서는 내담자가 호소하는 주요 문제를 해결하는 데 가장 적합한 영상 클립을 선택해야 한다. 상담 목표에 적합한 영상 클립과 반영, 필요한 조언을 제공해야 한다.

먼저 상담에 필요한 영상 클립을 정한다. 촬영한 영상 녹화물에서 부모가 자녀의 성장 발달을 위해 충분히 잘하는 모습을 선별한다. 그 모습은 자녀의 건강한 성장 발달을 촉진하는 모습으로 그중 **가장 최고의 장면을 찾는다.** 선별된 영상 이미지에 기반하여 부모에게 직접 보여 주고 그에 관한 반응을 다룸으로써 긍정적 행동 변화를 돕는다. **상담 및 조언을 제공하기에 연관성이 있는 영상 이미지여야 한다.** 이를 통해 부모는 자신의 상담 목표 및 행동 수정 달성에 필요한 구체적인 대처 방법을 발견할 수 있다. 상담 목표 달성에 적합한 영상 클립을 찾을 수 없다면, 어느 순간, 자신이 원하는 방식으로 자녀를 지원할 수 있는 긍정적인 가능성을 보이는 모습의 순간을 찾도록 한다. 사례에 따라서 다른 부모의 지지적인 양육 행동이 담긴 영상을 시청함으로써 그 행동을 모델링해서 연습해 볼 수 있다.

영상 이미지에 기반한 마테 메오 상담은 영상 클립 사용을 기본으로 한다. 영상 이미지 전달은 내담자에게 선별된 짧은 영상 클립을 단계별로 보여 주는 기법을 사용한다.[64] 영상 이미지 전달 기법의 사용 목적은 내담자로 하여금 자신이 자녀와 함께 있을 때 부모가 아이를 원만하게 지원할 수 있도록 그 상황을 좀 더 구체적으로 식별하고 잘 상황을 충분히 활용하기 위해서이다. 이를 위해 상담자는 영상 클립을 제시하기 전에 내담자에게 "자, 여기를 보세요. 어머니가 어떻게 아이를 바라보는지 주의 깊게 보세요"라고 말하며 **주의를 기울여서 관찰해야 할 사항에 관해서 알려 주도록 한다.** 어떤 것에 주의 집중해서 영상을 관찰해야 할지 사전에 알려 준다. 이 방법은 내담자가 영상을 보는 동안 긍정적인 성장을 촉진하고 자기 행동 관찰에 집중할 수 있도록 돕는다. 상담자는 내담자에게 영상 클립을 제시할 때, 다음 단계로 한 걸음씩 나아가고 있는 내담자의 발전적인 모습에 대해 지지, 격려하면서 중점적으로 다룬다.

또한 중요하게 다뤄야 할 부분은, 자녀를 대할 때 어떤 행동(What)이 어떤 상황(When)에 도움이 되는지, 어떤 이유(Why)로 도움이 되는지에 관한 것이다. 특히, 아이에게 도움이 되는 순간에 그가 어떻게 반응하는지를 **시각적(Visual)으로 분명히 알아차릴 수 있도록 충분히 시간적으로 여유를 가지고 보여 주면서 잠시 그 순간에 머문다.** 부모 자신의 어떤 특정한 행동이 자녀에게 도움이 된 상황과 그 이유를 알게 되면 그는 더 이상 상담자의 도움이 필요하지 않을뿐더러 앞으로 자신의 힘으로 스스로 당면한 문제를 해결할 수 있다.

이어서 자신의 바람직한 행동이 언제, 어떤 상황일 때 일어나는지, 아이와 함께 있는 일상생활에서 어떤 경우에 자주 일어날 수 있는지 그 가능성에 대해 함께 논의하고 실생활에 유용함을 거듭 강조한다. 상담 직후 바로 실생활에서 실천해 볼 수 있도록 상담 및 조언해 준다.[65]

끝으로 다음 회기에 영상으로 그 효과를 관찰할 행동 양식을 정하고 실천해 보도록 협의한다. 이후 내담자 스스로 촬영한 영상을 통해 자신의 긍정적인 변화를 목격할 수 있다. 영상 이미지를 통해 자신의 양육 기술에 대해 스스로 관찰한 것을 이야기하도록 지지하고 반영해 주면서 자신의 능력을 신뢰하도록 돕는다. 상담 회기 마지막 즈음에는 내담자가 어떤 도움을 좀 더 원하고 필요로 하는지에 관해 서로 논의하고 결정한다.

'3W 상담 시스템'으로 영상 이미지를 다룬다.

What
무엇이 그 순간에 성장을 촉진하는가?
어떤 양육 행동이 일어날 때 아이와 대화가 잘 되는가?

Why
어떤 이유로 그 순간에 그 행동이 필요한가?
어떤 이유로 아이랑 대화를 원만하게 하는 것이 중요한가?

When
언제 그 바람직한 행동 양식이 일상에서 자주 일어날 수 있는가?
어떤 상황일 때 바람직한 양육 행동이 자주 일어나는가?

상담에서 가장 중요한 것은 내담자가 가능한 한 신속하게 문제를 '자신의 힘'으로 해결할 수 있도록 그의 성장 및 학습 과정을 지원해 주는 것이다. '자신의 힘'으로 문제를 해결하기가 불가능할 경우, 상담은 내담자의 제한된 상황 가운데 그의 가능성을 지혜롭게 보완하는 데 필요로 하는 적절한 지원 방법을 찾는 것을 목표로 한다.

상담자는 내담자에게 편안한 상담 분위기와 상담 진행 방향을 잘 설정해 나가는 데 책임이 있다. 이러한 이유로 상담자는 편안하고 긍정적인 분위기에서 라포를 형성하고 상담을 시작한다. 이때 일상 속 소소한 이야깃거리들로 대화를 가볍게 시작한다(역자: 마리아 아츠는 상담사들에게 일상 속 맛집, 카페, 애완견 등 사소한 것에서부터 시작하라고 강조한다).⁶⁶ 상담 초기에는 영상 클립 중에 내담자에 대해 긍정적인 영상 이미지가 담긴 영상 클립을 주로 보여 준다. **영상 이미지는 아직 인식하지 못한 자기 자신의 긍정성과 가능성을 새롭게 발견하도록 돕는다.** 영상 이미지가 전달하는 정보가 분명할수록 별도의 설명이 필요 없다. 영상 이미지 선택이 중요한 이유다. 때로는 보는 것만으로도 충분하다.

상담 초기에 전반적인 상담 과정 및 상담 일정에 관해 안내하도록 한다. 이어 상담 목표를 협의하고 그에 따른 상담 과제를 정하고 상담 의뢰 사유부터 지금까지 진행했던 상담 내용들을 재정리한다. 상담의 가장 중요한 핵심은 상담자와 내담자 간의 영상 이미지에 기반한 대화에 있다. 전문적인 상담자는 내담자의 성장 발전을 지원하고 촉진할 수 있도록 대화를 통해 상호 협력하여 상담 관계를 강화하고 설명이 아닌 영상 이미지에 기반한 새로운 경험을 제공한다. 영상 이미지에 기반한 상담 시 장면에 대해 적절한 상담 및 조언을 제공하는 것 외에도 내담자가 현재 느끼는 반응(Reaction) 체계에 우선순위를 두고 세심한 주의를 기울이면서 반영(Reflection)해 준다. 다음 영상 클립을 다루기 전에 내담자가 영상 클립을 시청하는 동안 그의 반응을 조용히 기다리고 난 후 인식한 것을 확인하고 상담 목표나 주제와 연결 지어 영상 이미지로 인해 떠오르는 어떤 사건, 상황, 대상, 생각, 욕구, 의미, 해석 때문에 생긴 감정을 반영해 준다. 그런 후에 다음 영상 클립을 계속해서 다루도록 한다. 영상을 보면서 내담자는 그 영상 클립에 감정적으로 반응하기 위해서 충분한 공간과 시간이 필요하다. 그 순간이 일어날 때마다 상담자는 가능한 한 내담자와 함께 그 순간에 동참하고 공감하며[67] 느끼는 감정에 머물고 따라가면서 그 자신의 내면에 움직이는 것에 대해서 이야기할 수 있도록 지지해 준다. 이런 방법으로 상담자는 내담자가 영상 이미지를 통해 얻는 새로운 정보와 자신에게 연관된 내용을 어떻게 인식하고 이해하는지 알 수 있다. 내담자가 취하는 방법이나 태도에 대해 드는 감정, 생각과 의견에 관한 대화를 나누는 동안 그 내용을 적절히 반영할 수 있다. 내담자는 대화를 나누는 동안 자신의 문제와 그 해결 방법에 대해 좀 더 '명료화'된다. 이때 상담자는 내담자의 눈높이[68]에 맞는 대화를 나누도록 한다. 마테 메오 상담은 일반적으로 부모에게 각 단계별로 구체적인 행동을 해 볼 것을 권장한다. 부모가 각 단계별로 구분하여 이해하고 일상생활에서 쉽게 실천할 수 있는 방법을 익히도록 한다.[69] 다음 상담 회기에 어떻게 진행되기를 바라는지 알게 된 방법을 어떻게 구체적으로 실천해 보고 싶은지 등에 관해 협의한 후 마친다.

- 상담자는 내담자가 편안하게 자신의 어려운 이야기를 할 수 있는 분위기를 조성해야 하고 내담자의 문제 및 증상, 원인, 관련 요인, 상담 개입 방향과 방법 등 상담 사례 개념화에 대한 전문성을 갖추어야 한다.

- 마테 메오 상담의 3가지 기본 사항으로는 상담 목표에 가장 적합한 영상 클립, 이에 기반한 상호 간의 대화에 대한 반영, 성장 발달에 필요한 상담 및 조언을 제공하는 것이다.

- 상담 과정은 내담자가 어떤 목표를 달성하고자 하는지 변화되기를 원하는 부분이 무엇인지에 따른 행동과 구체적인 실천 방법에 대한 상담 및 조언 후 상담 진행과 관련한 사항과 다음 회기까지 영상 촬영할 미션에 대해 협의한 후 마친다.

후속 영상 촬영 미션은 기본적으로 상담 시간에 논의한 내담자가 달성하고자 하고 자신이 원하는 욕구에 따라 행동 양식 실천에 대한 필요한 구체적인 조언과 내담자의 실생활에 미치는 영향을 고려하여 중점적으로 다룬다. 자신의 행동 변화에 대한 효과를 인식하고 그에 필요한 자신의 기술을 단계별로 향상시키는 방법을 습득한다.

마테 메오는 현대적인 상담 및 코칭 기법[70]으로 내담자가 자신의 능력과 가능성을 인식하고 일상생활에서 부딪히는 문제에 잘 대처하고, 새로운 변화에 잘 적응할 수 있도록 돕는다. 또한 각 단계에서 상호 간의 원만한 협력으로 이룬 성과를 눈으로 직접 확인할 수 있다. 내담자의 '눈높이'에 맞는 상담이 가능하며 이를 통해 내담자에게 필요한 행동 변화를 가능하게 하고 그 성과를 함께 나눌 수 있다.

II

마테 메오
상담 기법 및
체크리스트

1 발달 단계 평가 및 지원을 위한 관찰 체크리스트

본 장에서는 아동의 발달 단계 관찰에 필요한 체크리스트와 이에 대한 구체적인 지원 방법을 설명하겠다. 체크리스트는 '비디오 상호 작용 분석'(Video Interaction Analysis)을 위해 사용하는데, 특히 상담 목표에 적합한 영상 클립을 선별에 필요한 기준과 방향을 제시하는 데 사용된다. 이 체크리스트는 내담자 또는 대상자가 가지고 있는 일반적 또는 심각한 수준의 문제를 구분하는 데 도움을 제공하고, 그 결과에 따라서 심층적인 도움을 구하거나 지원 방법을 정하는 단서가 될 수도 있다.

체크리스트는 각 개별적인 문제를 구분하는 데 완전히 체계적이 기보다는 해당 문제에 필요한 상담을 제공하기 위한 보완적인 자료로 참고하여야 한다. 현재까지 상담 실무 현장에서 성장 발달 과정에 대해 알아볼 때 유용하게 사용되고 있다. 이 리스트는 마테 메오 상담 초기에 내담자의 상태를 파악하고 상담 방향을 설정하며 상담하는 도중 상담자가 자기 점검을 하는 데 유용하다.

'마테 메오에 기반한 성장 발달 정도 및 수준 진단'(Marte Meo Development Diagnosis)[71]을 위해 각각의 특정한 행동 양식이 지속적으로 나타나거나 나타나지 않을 때 그것에 대해 관찰한 결과를 신뢰할 수 있다.[72] 어떤 특정한 상황이나 스트레스 요인이 행동 양식에 영향을 미치지 않을 때 신뢰할 수 있는 관찰 결과를 가져올 수 있다.

체크리스트의 항목 대부분은 마테 메오 기법 개발자인 마리아 아츠(Maria Aarts)가 집필한 저서에서 가져왔다. 좀 더 자세한 설명은 그녀의 저서에서 찾아볼 수 있다. 본문에서는 각각의 필요한 기술을 향상시키기 위한 지원 방법에 대해 구체적인 정보 제공과 추가적인 설명으로 보완하고자 한다.

부모가 자녀의 학교 숙제를 수행하도록 지도해야 하는 상황에 대한 체크리스트는 청소년 복지 기관의 실제 업무에서 비롯되었으며 그 기관의 부모 상담 적용을 통해서 실용성이 입증되었다.

요쉐 아츠(Josje Aarts)의 저서 중 《학교에서의 마테 메오 적용 방법》에서 몇 가지 항목을 가져왔다. 또 다른 항목은 아동 및 청소년에 적용한 마테 메오 '리뷰'(Review)에서 찾아볼 수 있다(Aarts, M., et al. 2014).

조절 문제를 동반한 영유아 평가 및 지원 체크리스트
– 소리 지르고 우는 아기 예시

'소리 지르고 우는 아기'와 그 부모에게 마테 메오 상담 적용 시 다음과 같은 사항을 토대로 부모와 자녀의 상호작용 상태와 수준을 파악할 수 있다. 또한 영상 이미지에 기반한 상담 시 가장 적합한 영상 클립 선택과 필요한 상담 및 조언을 제공하는 데 참고할 수 있다.

마테 메오 기본 요소
- 아기의 이니셔티브를 따른다.
- 아기의 이니셔티브를 주의 깊게 기다린다.
- 좋은 표정을 짓는다.
- 좋은 목소리 톤으로 말한다.
- 자신의 이니셔티브를 아기에게 명명해 준다.
- 아기의 이니셔티브를 명명해 준다.
- 아기와 협력적으로 대화한다.
- 아기를 긍정적으로 이끌어 간다.

● 부모님은 아기의 이니셔티브를 존중해 줍니까?
　아기의 주도권이나 자발성이 나타날 때까지 기다려 주고
　수용해 줍니까?

　- 부모님은 아기를 대할 때 그의 이니셔티브를 주의 깊게 기다리고
　　따르며 욕구와 행동을 관찰합니까?

　부모가 아기의 이니셔티브를 알아차리고 그 내용에 적극적으로 관심을 보이면 아기의 발달 속도와 현재 상태 및 관심사에 대해 알 수 있다. 아기는 이와 같은 반복적인 경험을 통해서 부모가 자신과 연결되어 있는 것을 느끼고 경험한다. 부모와 연결된 경험, 이때 가지는 유대감은 아기가 편안하게 느끼고 스트레스를 해소하는 데 효과가 있으며 감정을 느끼고 조절하는 데 도움이 된다. 부모와 자녀는 함께 보내는 시간과 소통 방법에 따라서 서로 신뢰 관계를 형성한다.

● 부모는 아기의 이니셔티브를 지지해 줍니까?

　- 부모는 아기의 이니셔티브가 나타날 때 친절한 톤과 목소리로
　　반복해서 말하고 밝은 표정으로 반응해 줍니까?

　비록 아기의 감정이 순식간에 바뀔 수 있더라도 부모가 아기를 긍정적으로 대해 주는 것은 그로 하여금 짧은 순간의 경험일지라도 그것을 깊이 받아들이고 스스로 확장해 나갈 수 있도록 돕는다. 종종 아기가 흥분하거나 감정 조절을 잘 하지 못하는 모습을 보일 때가 있다. 부모가 긍정적으로 대해 주는 것이 감정 조절하는 법을 알려 주는 것과 같다. 아기의 정서에 미치는 영향이 크기 때문이다.

● 부모는 아기가 시선 두는 것을 주의 깊게 관찰하면서
　그가 관심 보이는 것을 명명해 줍니까?

　- 부모는 아기의 시선에 초점을 두고 그 시선을 따라가면서
　　그가 관심을 두는 것을 관찰하고 그것에 대해 이야기를 건네고
　　나누면서 지지해 줍니까?

　아기들은 자신들이 관심 있는 것에 시선을 둔다. 그들의 시선을 따르는 부모는 아기가 그 순간에 인지적 및 정서적으로 경험하는 것을 알아차릴 수 있다. 그들이 보고 느끼고 경험하는 것을 이해하는 동안 그것에 관해 부모가 말을 건네고 이야기해 준다면 자신의 세계를 마음껏 탐험하고 자기편이 있다고 안전함을 느낄 수 있다.

● 부모는 부드럽고 따뜻한 목소리 톤으로 말하고
　온화한 표정을 지으면서 따뜻한 분위기를 조성합니까?

　- 부모는 아기를 대할 때 부드럽고 따뜻한 목소리 톤으로 말하고
　　온화한 표정을 지으면서 따뜻하고 원만한 분위기를 조성합니까?

　좋은 표정과 음색은 따뜻하고 원만한 분위기를 조성한다. 그것은 아기의 행복감을 증진시키고 관계 형성에도 긍정적인 영향을 미친다. 아이의 정서적 안정감을 위해 좋은 태도로 존중해 주는 말을 하고 대하는 것이 아이 자신에게 좋은 경험이 된다.

● 부모는 아기의 감정적 이니셔티브를 존중하고
  그것에 대해 정서적으로 교류합니까?

  - 아기가 느끼는 감정 상태에 초점을 맞추고 정서적으로 교류합니까?

아기가 주도적으로 느끼는 감정을 기반으로 한 정서적 교류란 부모가 그가 느끼는 이니셔티브를 관찰하고 스스로 느끼고 수용한 것을 다시 아기에게 언어로 알려 주는 것이다. 즉 서로 정서적으로 나누고 교감하는 것이다. 그것은 긍정적인 자아상을 형성시켜 주는 데 가장 중요한 기초가 된다.

● 부모는 말할 때 아기가 집중할 수 있도록
  분명하고 또렷한 목소리 톤을 사용합니까?

  - 부모는 아기가 한 가지에 집중할 수 있도록 또렷한 목소리 톤으로
    말합니까?

아기들은 주변인의 말하는 목소리 톤에 매우 민감하다. 말하는 목소리 톤에 따라서 현재 상황에 대한 감정이 드러나거나 그 해석과 의미에 대한 맥락이 만들어진다. 의사소통 및 놀이 상황에서 또렷한 목소리로 말하면 아기가 주의력을 높이고 집중하는 데 도움이 된다. 다른 다양한 상황, 즉 취침 시간 등에는 한결 차분하고 낮은 목소리 톤을 사용하는 것이 도움이 된다.

● 부모 자신의 이니셔티브를 아기에게 보여 줍니까?

　- 부모 스스로 중요한 주체임을 인식합니까?

　아기의 성장 발달은 부모의 양육 태도와 의사소통 방법에 달려 있다. 부모가 어떤 태도와 자세로 아이를 대하는지 여하에 따라 아이들 성장에 미치는 영향이 크다. 때때로 부모들은 그들 자신의 개인적 특성과 이니셔티브가 아기의 행복감과 건강한 성장 발달에 매우 큰 영향을 주지만 중요한 역할을 한다는 사실을 잘 인식하지 못한다. 잘 인식하지 못할 경우 부모는 적절한 도움을 통해 대처 방안을 알아보도록 해야 한다. 우선 개인적인 주체로서 자신의 상태부터 점검해야 한다.

● 부모는 아기에게 주변 상황에 대해 이해할 수 있도록 충분한 시간을 주고 있습니까?

　- 부모는 아기가 주변 상황을 충분히 이해하도록 시간을 주고 여유 있게 기다려 줍니까?

　만 2세의 영아의 경우 자신이 처해진 주변 환경에 자율적으로 반응하기까지 성인에 비해 더 긴 시간이 걸린다. 부모가 자녀의 반응이 나타날 때까지 좀 더 믿고 기다려 주면 아이는 타인과의 의사소통에 자신감이 생길 뿐만 아니라 중요한 의사소통 파트너가 될 수 있다. 부모가 아이의 반응이 나타나기까지 충분히 여유를 가지고 기다려 주는 것은 아이에 대한 존중의 표현이다. 부모는 아이 인생 전반에 걸쳐 사회적 롤 모델(Role Model)을 제시하고 아이는 좋은 롤 모델을 얻게 된다. 부모는 아이의 롤 모델이다.

- ● 부모는 자발적으로 아기와 교대로 번갈아 가며 상호작용합니까?
  - 부모는 자발적으로 아기가 반응을 보일 때까지 충분히 기다려 주고 상호작용해 줍니까?

서로 번갈아 가며 일종의 대화를 하는 것이 상호작용하는 방법이다. 아기가 자발적으로 반응할 때까지 충분히 기다릴 줄 아는 부모는 이미 기다릴 수 있는 인내를 가진 아이로 키운다. 표현할 줄 아는 의사소통 능력을 길러 준다. 이 능력을 키우고 싶다면 충분히 기다릴 줄 아는 부모가 되어라! 기다리는 것에 시간을 투자하라!

- ● 부모는 아기와 협력적으로 소통합니까?
  - 아기와 원활하게 소통하고 협력적입니까?

아기는 자기와 의사소통에 협력적이고 상호 교대로 대화할 수 있는 부모가 필요하다. 부모가 상호 협력적 의사소통, 즉 열린 마음으로 서로 원하는 것을 원원하는 대화 방식으로 상대방의 입장을 이해하고 상호 협력하는 태도로 아이를 대할 때, 아이에게 전달되는 메시지도 명확하다. 부모 자녀 간의 협력적 의사소통은 아이의 의사소통 능력을 키운다.

● 부모는 긍정적인 리더십을 보입니까?

　- 부모는 긍정적인 리더십으로 이끌어 갑니까?

　아이들은 긍정적인 주변 환경이나 분위기 외에도 여러 다양한 상황에서 부모의 긍정적인 리더십에 영향을 받는다. 따라서 자녀를 긍정적인 방향으로 이끌어야 한다. 부모가 아이를 어떻게 키웠는가는 매우 중요한 작용을 한다. 긍정적인 양육이 아이의 사회성을 키운다. 사회성이 발달된 아이는 주변 사람들과 협력적 대인 관계를 형성하고 사회적 유능감을 키울 수 있다.

3. 복합적 문제 아동 평가 및 지원 체크리스트
– 주의력결핍 과잉행동장애[73] 또는 주의력결핍 장애[74]

주의력결핍 과잉행동장애 아동을 대상으로 마테 메오 상담 적용 시 다음과 같은 사항을 토대로 부모와 자녀의 상호작용 상태와 수준을 파악할 수 있다. 또한 영상 이미지에 기반한 상담 시 가장 적합한 영상 클립 선택과 필요한 상담 및 조언을 제공하는 데 참고할 수 있다.

마테 메오 기본 요소
- 긍정적 분위기를 조성한다.
- 생각, 행동, 감정에 대해 언어로 표현해 준다.
- 적절한 행동 보일 때 언어로 명명하고 지지해 준다.
- 이니셔티브를 분명하게 명명해 준다.
- 비언어적 이니셔티브를 언어로 명명해 준다.
- 다른 사람의 이니셔티브를 명명해 준다.
- 현재 상황에 대해 설명해 준다.
- 대처 행동을 제안해 준다.

● 긍정적인 분위기를 조성한다

　긍정적인 분위기를 조성하기 위해 '교정식 말투'로 말하기보다 '대화식 말투'로 대화하도록 한다. 예를 들면 아이의 행동에 관해서 "안 돼!"라고 야단치는 '교정식 말투'보다는 '대화식 말투'로 "그렇게 하고 싶은 거니? 그 행동은 너를 조금 아프게 할 수 있어. 그만두면 어떨까?"라고 말한다.

　또한 아이가 웃을 때, 그의 얼굴을 바라보면서 가능한 한 충분히 좋은 감정을 나누는 순간을 만든다. 일반적으로 아이들이 문제를 일으킬 때 주변 사람들은 얼굴을 자주 찌푸린다. 주변 사람들이 자신에게 실망스러워하고 직접적인 대면 접촉을 꺼리기 때문에 그들의 웃는 모습을 경험할 기회가 적다. 아이에게 찌푸리지 않는, 좋은 얼굴 표정을 자주 짓도록 한다. 가까운 사람이 아이에게 좋은 얼굴 표정으로 대하는 것은 '나는 네가 내 곁에 있어서 좋아'라는 의미나 마찬가지다. 그것은 누군가가 그들에게 행복감을 보여 주는 것이다. 아동들이 경험하는 내외부적 환경에 대한 인식 표현에 도움이 필요하다.

● 아이의 생각, 행동, 감정을 언어로 표현해 준다

　아동이 나타내는 이니셔티브를 명명해 준다. 아동이 주도적으로 보이는 행동에 이름을 정해서 말해 주면 자기 인식 및 자기 조절력이 발달하는 데 도움을 준다. 주의력결핍 아동은 정상적으로 발달한 아동에 비해 더 오랜 기간 동안 이와 같은 방법의 지원을 필요로 한다.

부모는 직관적으로 아이의 이니셔티브에 따라 그때그때마다 이름을 정해서 말해 주고 아이가 스스로 그 능력이 발달되고 자신을 표현할 수 있게 되면 중단해도 된다. 주의력 결핍 아동을 키우는 부모는 이 방법을 오랫동안 인내심을 갖고 지속해야 한다. 아이는 부모가 자기를 늘 지켜보고 관심 갖고 있다는 느낌이 들면 항상 부모가 옆에 있다는 확신이 생긴다. 아이들은 충분히 관심받을수록 발생할 수 있는 여러 가지 문제를 예방할 수 있다.

● 긍정적인 자아상을 갖도록 촉진시킨다

아동의 행동에 관한 자신의 생각과 느낌을 충분히 표현하도록 한다. 이런 식으로 부모는 자녀의 감정을 풍성하게 할 수 있다. 또한 자아상을 긍정적으로 향상시킬 수 있다. "컵을 여기에 두는 것은 좋은 생각이었어", "더 잘하고 싶다면 우리가 함께 연습해 보자", "어떻게 하는지 내가 보여 줄게. 이제 잘 되는구나" 등 상황에 적절한 표현으로 아이의 행동에 대한 생각과 느낌을 풍성하게 표현하도록 돕는다.

● 가장 적절한 이니셔티브를 선택해서
   그것이 나타날 때마다 강화시킨다

아이가 컵을 탁자 위에 둘 때 "옳지, 컵을 탁자 위에 올려놓으세요"라고 말해 주면 아이는 자신의 행동에 긍정적으로 지지가 되고 격려가 된다. 그는 "괜찮아, 내가 잘했어"라는 뜻으로 받아들일 것이다. 아동이 현재 상황을 좀 더 잘 이해하고 어떻게 대처해야 할지 잘 알고 있다면 상황에 맞는 적절한 이니셔티브, 즉 대처 방법을 선택하는 데 도움이 된다.

- **이니셔티브를 개발하고 구조화하여 명확한 결론으로 마무리 짓는다**

예를 들어 아동이 그림을 그리기 시작하자마자 중단하고 또 다른 것에 관심을 둘 경우, 지지적인 부모는 신속하게 다음과 같이 연결 짓기 반응을 보일 수 있다. "너는 지금 그림을 그리고 싶구나. 자, 여기에 붓이 있단다. 이제 붓 뚜껑을 열고 한번 해 볼까. 오, 잘하는구나. 여기에 여러 가지 색상이 있네. 어떤 색상으로 칠해 볼까?" 아이가 세면대에 물을 가지러 가게 될 경우, "내가 깜박 잊어버리고 있었구나. 그렇지, 물이 필요하구나." 그러고 난 후 부모는 기다렸다가 어떤 일이 일어나는지 지켜본다.

아이가 상황에 적절한 이니셔티브를 보일 경우, 그 행동을 지지하고 격려해 주도록 한다. 적절한 이니셔티브를 보이지 않을 경우, 예를 들어 물을 담을 용기가 적합하지 않다든지, 그럴 때는 부모가 아이를 도와줄 수 있는 순간이다.

"저기 컵을 가져가면 물을 넉넉히 담을 수 있겠구나"라고 말해 주는 부모의 언어적 양육 태도는 아동의 적절한 행동 모델을 발달시키는 데 도움이 된다. 이런 식으로 아이는 집중력을 더 향상시키고 자신의 활동을 중단하지 않고 계속해 나가는 법을 배운다. 자신의 일에 주의 집중하고 하던 일을 끝까지 마무리 짓는 법을 배우게 된다. 나아가 자신감을 키운다.

● 감정을 인식하고, 감정 표현력을 키운다

　비언어적인 이니셔티브를 명명하면 감정을 인식하는 데 도움이 된다. 아이의 표정이 기뻐 보일 때, 어머니가 "너는 네 아빠를 보게 되어 기쁘구나"라고 말해 주면 아동은 자신이 느끼는 감정 상태를 표현하는 데 적절한 단어를 찾을 수 있다. 이것은 다른 사람들과 자신의 감정을 표현하고 교환하는 데 있어서 중요한 요소이다. 일반적인 양육에서는 아기일 때부터 일찍이 감정에 공감하고 교환해서 의사표현을 좀 더 정확하게 하고 감정 처리를 잘할 수 있도록 키운다. 반면 주의력결핍 아동의 부모는 그들로 인해 자주 불안을 느낄 때가 많다. 이 불안은 부모의 기분에 따라 아이를 대하게 한다. 자신의 기분에 따라 이랬다저랬다 하는 변덕스러운 태도로 인해 아이는 더 불안해진다. 따라서 부모는 자신의 감정부터 잘 조절해야 한다. 또한 부모의 지지적인 양육 태도는 시간이 지날수록, 아이가 성장할수록 중단해 버리기 일쑤다. 주의력 결핍 아동은 다른 아동들보다 자신의 감정을 표현하고 조절하고 대처하는 데 부모의 도움이 장기간 필요하므로 아이에게 적합한 도움을 충분히 제공해야 한다.

● 다른 사람의 이니셔티브를 인식하는 법을 배운다

　아이는 부모가 다른 사람들의 이니셔티브를 다음과 같이 명명해 주는 것을 보면서 그들도 다른 사람의 이니셔티브를 존중하는 것을 배울 수 있다. 예를 들어 "토마스 여기를 보렴~ 토마스가 그림 그리는 붓을 가져오는구나~ 여기 스웬이 함께 놀고 싶어 하는구나. 자동차 장난감도 가지고 있어~"

위와 같이 상황을 촬영한 영상 클립을 관찰해 보면, 이때 아이들이 고개를 들어 주위를 둘러보는 행동은 다른 사람들의 이니셔티브를 알아차리기 시작한다는 첫 번째 신호이다.

이를 통해 아이는 다른 아동들에 대해 관심을 갖고 더 많은 정보를 얻을 수 있으며 그들과 쉽게 어울릴 수 있다. 또한 부모는 아이가 다른 사람들이 하고 있는 일과 생각하는 것을 이해하도록 돕기 위해 자신의 이니셔티브를 명명할 수 있다. 아이와 함께 카드놀이를 하는 어머니는 "나는 카드가 이제 한 장만 남았어. 내가 이길지 궁금해!"라고 자신이 생각하는 이니셔티브를 명명할 수 있다.

● 주의력결핍 아동에게 상황에 대해서 분명히 알려 준다

주의력결핍 아동에게는 현재 상황에 대해 분명하게 알려 주는 것이 필요하다. 어떤 일이 시작되는지 끝나는지, 즉 사회적 상황에 관한 이해와 통찰력을 얻기 위해 외부로부터의 도움이 필요하다. 예를 들어 부모는 "자, 여기를 보세요~ 아이들이 축구 경기를 시작했어~", "자, 여기를 보세요~ 아이들이 축구 경기를 끝냈어"라고 아이에게 상황을 설명해 줄 수 있다.

"우리 팀이 축구 경기를 하고 있어"처럼 다른 사람들의 행동을 관찰하고 말해 주면 아이는 스스로 잘 알아차리지 못한 사회적 정보를 얻게 된다. 이러한 정보는 어떤 일이 일어나는지 이해하는 데 도움이 된다. 이때 아이가 고개를 돌리고 축구 경기를 보기 시작한다면 부모가 보내는 신호에 반응하는 것이다.

● 항상 아동의 주변을 살펴본다

아동을 대상으로 종사하는 실무자는 항상 주기적으로 아이의 주변을 살펴보는 것이 중요하다. 주변 상황을 주의 깊게 주기적으로 살펴봄으로써 아이 주변에서 일어나는 많은 사회적 정보를 수집할 수 있다. 또한 여러 아이를 지도할 경우 각각의 아이에게 공평하게 관심을 주고 대해야 한다.

● 무조건 금지하기보다 행동 대처 방안을 제시한다

부모는 아이가 행동하고 있는 상황에 적절한 행동적 대안을 제시할 수 있어야 한다. 어떤 특정한 상황에서는 아이의 적절한 행동이 요구되는데 과잉 행동하는 아동은 종종 그들의 행동을 통해 아직 적절한 행동을 배우지 못했다는 것을 보여 준다. 대체적으로 부모의 기대치에 전혀 못 미치는 행동을 하기도 한다. 그러다 보니 일상에서 부모는 자주 안 된다고 훈육하게 된다. 그러나 안 된다고 야단만 치지 말고 할 수 있게 대안을 제시하거나 알려 주어야 한다. 특히 상황에 맞는 적절한 행동을 말해 줄 때 부드럽고 차분한 목소리로 알려 주는 것이 중요하다.

● 부모는 자녀에게 상호 협력적 행동 모델을 제시한다

부모와 자녀가 서로 협력해서 무언가 진행해야 할 때 사전에 그 과정에 대해 다음과 같이 설명해 주는 것이 필요하다. "자, 이제 우리가 함께 케이크를 구울 거야. 우리가 함께 해야 할 첫 번째 일은

… 그다음으로 해야 할 일은 …이란다." 아이에게 단계별로 진행 사항에 대해 명명해 주는 것은 그 상황을 적절하게 이해하고 수행하는 데 매우 도움이 된다. 긍정적이고 부드러운 말투로 대화하는 것이 바람직하다. 지나치게 공격적이거나 지시적인 말투는 아이가 협력적 행동 모델을 익혀 가는 데 적합하지 않다. 또한 아동의 이니셔티브를 따르고 존중하면서 서로 협력해 나가는 것이 바람직하다. 아이가 현재 상황에 대해 충분히 이해하고 예측할 수 있도록 상호 협력적 관계 속에서 부모 자신의 행동, 생각, 감정, 즉 자신의 이니셔티브를 명명하도록 한다.

4 아동의 사회적 · 정서적 평가 및 지원 체크리스트

이 목록에는 아동이 다른 아동들과 놀이하고 협동할 수 있는 행동 방식들을 포함하고 있다. 아동의 발달 수준 파악 및 지원에 대한 필요성을 평가할 수 있는 정보를 제공한다. 또한 다른 사람들과 협동적 행동을 할 수 있도록 촉진시키는 요건들을 확인하고 점검할 수 있다. 마테 메오 상담 적용 시 다음과 같은 사항을 토대로 사회적·정서적 상호작용 상태와 수준을 파악할 수 있다. 또한 영상 이미지에 기반한 상담 시 가장 적합한 영상 클립 선택과 필요한 상담 및 조언을 제공하는 데 참고할 수 있다.

> 마테 메오 체크리스트

● 자신의 이니셔티브를 명명할 수 있다.
  자신의 의사를 표현할 수 있다

"나는 자동차 장난감을 가지고 있다."

아동은 자신의 자율적인 행동에 대해 적극적으로 명명해 주는 가까운 사람이 주변에 있을 때 그들의 의사 표현 능력을 향상시킬 수 있다. 또한 다른 사람들도 아동이 주도적으로 할 행동을 예측할 수 있다. 아동의 이니셔티브가 보이는 순간에 그들의 이니셔티브를 적극적으로 명명해 주고 충분히 소통할 수 있는 가까운 사람이 주변에 필요하다.

- 자신의 이니셔티브를 잠시 멈추고
  다른 사람들의 이니셔티브에 주의를 기울일 수 있다

아동은 주변의 가까운 성인들의 모든 상호작용을 관찰한다. 부모 또는 가족들이 다른 사람들과 원만하게 소통하고 상호작용하는 모습을 자연스럽게 보여 주면 아동들은 그것을 보고 관찰하면서 배우고 자신도 다른 사람을 존중하는 방법을 배운다. 또한 성인이 아동들의 관계를 잘 연결 지어 주고 또래들과 원만하게 지낼 수 있도록 해 주면 그들도 자신의 이니셔티브를 잠시 멈추고 다른 사람들의 이니셔티브를 존중하고 주의를 기울이며 관심을 보이는 능력을 향상시킬 수 있다. 주변 사람들의 행동에 관심을 가질 수 있다.

- 긍정적인 자아상을 형성할 수 있다

아동이 자신의 이니셔티브를 적절하게 명명하는 것을 충분히 배우게 될 경우 자기 존재감이 커진다. 또한 그것이 자신이 가진 강점으로 인정받고 긍정적인 피드백을 받을 경우 그것은 자신에 대해 긍정적인 자아상을 형성하고 자신의 능력과 가능성을 향상시킬 수 있다.

● 상황에 적절하게 대처할 수 있다

　성인이 아동이 놓여 있는 사회적인 상황에 대해 충분히 이해할 수 있도록 도움을 준다면 그 아동은 상황에 적절하게 대처하는 능력을 향상시킬 수 있다. 이 능력은 주로 성인이 아이들에게 현재 주어진 사회적인 상황과 과정에 대해 충분히 설명해 줄 때 향상될 수 있다.

● 자신의 이니셔티브를 구조화하고
　이를 놀이 활동 모델에 활용할 수 있다

　아동이 이미 자신의 이니셔티브를 명명하는 것을 배우고 일반적인 놀이 활동 시간에 주변의 성인들로부터 충분히 긍정적인 지도를 받았을 경우 자신의 이니셔티브를 구성하는 방법을 배울 수 있다.

● 주변 상황을 둘러보고 사회적인 정보를 수집할 수 있다

　아동은 주위 환경을 둘러보고 사회 맥락적인 정보가 풍부하다면 현재 상황을 잘 파악할 수 있다. 사회적 신호란 주변 사람들의 친절한 얼굴 표정, 친근한 어조의 목소리와 아동 친화적인 소통 방법으로 아동은 자신의 주변 환경 속에서 이러한 사회적 신호가 충분히 주어질 때 현재 상황을 파악하는 법을 배울 수 있다.

● 놀이 활동 상황에 대해 이해할 수 있다

　놀이 활동 경험이 더 많은 사람들이 놀이 활동 과정에 따라 아동이 각자의 상황을 잘 이해하도록 돕는다. 이와 같은 놀이 활동 경험

이 충분할 때 놀이 상황에 대한 이해를 높일 수 있다.

● '놀이에 적절한 목소리 톤'을 사용하여
  다른 사람과 이야기할 수 있다

아동의 이니셔티브 중에, 특히 신체 동작적인 이니셔티브에 대해 '적절하게 흥미를 끄는 목소리 톤'으로 주변 사람들이 응대해 주면 그 놀이를 통해서 '놀이에 적절한 목소리 톤'을 배우고 다른 사람들에게도 사용해서 흥미롭게 이야기할 수 있다.

● 다른 사람에게 자신의 '비언어적인 감정'을 표현할 수 있다

아동이 느끼는 감정을 비언어적으로 표현(역자: 눈을 크게 뜸, 어깨를 들썩임, 박수를 침, 표정을 찡그림, 미소, 고개 끄덕임, 턱을 치켜세움 등)하는 순간에 성인이 그 감정에 대해 충분히 반영해 줄 경우, 즉 아동이 보내는 '사회적 신호'를 수용해 줄 때 비언어적으로 자신의 감정을 표현하는 능력을 키울 수 있다.

● 다른 사람의 '비언어적 이니셔티브'에 대해
  주의를 기울이고 그것을 이해할 수 있다

아이들이 다른 사람의 '비언어적 이니셔티브', 즉 비언어적 표현을 이해하고 알아차리려면 누군가 자신의 비언어적 신호를 잘 알아차려 줄 때 자연스럽게 그 능력이 길러진다. 아이가 무엇인가 쳐다보고 있거나 손가락으로 가리키고 있거나 소리를 내고 표정이 달라

질 때 이것은 아이가 보내는 신호다. 아이가 보내는 비언어적 신호에 충분히 반응하고 알아차려 주면 자기가 느끼는 것과 생각하는 것이 받아들여진다는 것을 알게 되고 자연스럽게 다른 사람의 비언어적 신호를 알아차리는 능력이 길러진다. 일반적으로 아이들을 연결해 주는 성인에 의해서 개발된다. 예를 들어 두 아이가 서로에게 특별한 관심 없이 놀고 있을 때 한 아이에게 "여기를 보세요~ 레나가 기뻐하고 있구나"라고 다른 아이의 '비언어적 이니셔티브'를 명명해 주면 그 아이는 다른 아이가 기뻐하고 있다는 감정을 이해할 수 있다. 또한 이런 방식으로 다른 사람의 이니셔티브를 명명하는 동안 서로 관심을 가질 수 있도록 연결 지어 줄 수 있다.

● 다른 사람과 '주고받는' 커뮤니케이션을 할 수 있다

대인 간 커뮤니케이션의 가장 기본은 다른 사람들과 '주고받는 대화'이다. 생후 직후의 아기들은 부모와 자연스럽게 눈을 맞추고 아기가 "오~" 하면 부모도 "오~"라는 소리를 따라 해 주고, "아~" 하면 "아~"라는 소리를 내 주면 부모의 반응을 기다리곤 한다. 옹알이할 때 말을 걸고 응답해 주는 것처럼 반응을 해 주면 아기는 대화를 주고받는 듯한 느낌을 받을 수 있다. 이렇게 서로의 반응을 주고받으면서 정서적으로 교감을 나누는 동안 '주고받는 대화'의 리듬을 익힌다. 아기들을 관찰해 보면 종종 손 운동 동작 발달 단계 직후에 부모와 '주고받는 상호작용 단계'가 있다는 것을 알 수 있다. 일례로 부모님이 아이에게 "과자 하나 주세요"라고 부탁하면 아이는 부모에

게 과자를 준다. 부모는 "감사합니다"로 대답하고 또는 아이가 과자를 하나 줄 때 부모가 "감사합니다"라고 말한다. 이와 같이 상황에 따라서 서로 번갈아 가며 주고받는 대화를 나눌 수 있다. 아이들이 다른 사람과 소통하는 데 서로 '주고받는' 경험을 충분히 할 수 있도록 지지해 줘야 한다. 또한 부모는 아이와 원만하게 상호작용하는 순간에 '나와 당신/너'(이)라고 말함으로써 아동의 인지 능력과 상호 교환 능력을 증진시킨다.

● **다른 사람과 언어적 및 비언어적으로 의사소통할 수 있다**

언어적 및 비언어적으로 번갈아 가며 소통할 수 있는 능력은 정해진 공간에서 편안하게 다른 사람들과 사회적으로 상호작용할 수 있다는 것이다. 자신이 상대방에게 중요한 상호작용 파트너가 되는 것만큼이나 중요한 일이다. 가족 구성원 간의 올바른 의사소통이 가능할 때 아동도 원만한 소통 능력을 키울 수 있다. 곧 부모로부터 배운다.

● **협조를 구할 때 '친절한 목소리 톤'으로 말할 수 있다**

일반적으로 다른 사람들에게 협조를 구할 때 친절한 목소리 톤으로 말할 수 있는 능력은 가장 가까운 사람의 목소리 톤을 따라 할 때 발달된다. 결과적으로 아동은 목소리 톤을 사용하여 사회적 상황을 구별하는 방법을 배움으로써 재미있게 놀이하는 상황인지 또는 함께 협동해야 하는 상황인지에 따라 적절하게 이야기할 수 있다.

- 놀이 활동을 하고 싶은 스토리와 방법을 제시할 수 있다

 놀이와 관련해서 이야기를 만들고 표현하는 능력은 자신의 아이디어가 다른 사람에게 흥미롭고 매력적이라는 경험을 하게 한다. 이 능력은 가까운 보호자가 아동의 아이디어를 인정해 주고, 필요한 경우 보호자가 자신의 아이디어를 통해 자극함으로써 향상시킬 수 있다.

- 긍정적인 리더십을 배우고
 친사회적 행동 모델을 개발할 수 있다

 아동이 여러 다양한 사회적 상황에서 자신의 역할 수행과 다른 사람의 리더십을 긍정적으로 경험하면 적절한 기술을 모델링 학습하여 친사회적 행동을 발달시킬 수 있다. 다양한 상황에서 효과적으로 대처하기 위해 단계별 대처 방법을 학습할 수 있다.

- 비판과 좌절에 원만하게 대처할 수 있다

 아동 자신의 감정을 구분하고 표현하는 방법을 익히고, 실망스러운 상황에 놓여 있을 때 다른 사람들로부터 충분히 공감을 받고 성장할 때 자신에게 힘든 일이 발생해도 잘 대처할 수 있다. 또한 지지와 격려를 충분히 받고 성장할 때 이 순간이 지나면 긍정적인 기회가 올 것이라는 믿음을 가지게 된다.

● 문제 해결 모델을 개발한다

　큰 문제와 작은 문제를 구분하고 작은 문제를 스스로 해결할 수 있도록 적절하게 도와주면 아이들은 충분히 문제를 해결할 수 있다. 미래에 발생할 문제들에 대해 대처할 수 있다는 자신감을 키울 수 있다. 문제를 문제로만 보지 않고 아동이 앞으로 발달해야 하고 그것을 학습할 수 있는 기회로 보는 자세가 그들에게 훌륭한 지원이 된다. 아이들은 스스로 문제 해결 능력을 가지고 있다.

● 원만한 대인 관계를 맺고 다양한 상황에 대처할 수 있다

　대인 관계 기술은 변화하는 다양한 사회적 상황에서 소통하는 것으로 여러 사람들과의 관계에 적절하게 대처할 수 있는 능력이며 자발적으로 행동하는 능력이다. 가까운 성인들이 아이를 존중하고 인정하는 태도로 대함으로써 아이에게 공감과 자신감뿐만 아니라 심리 정서적 안정감을 느끼게 해 준다. 이렇게 형성된 심리 정서적 안정감은 자신의 인식, 생각, 감정을 신뢰할 수 있다. 공감과 자신감을 긍정적으로 경험한 아동은 다른 사람에게도 자신의 심리적 안정감을 나누어 줄 수 있다.

● 한 가지에 최대한 집중할 수 있다

　아주 어릴 때부터 아동의 눈높이에 맞게 이니셔티브를 따르고 존중해 주면 집중력이 발달된다. 즉 아이가 보고, 듣고, 느낀 것을 공감하고 수용하며 함께 나누는 것이다. 이런 방식으로 아동들은 그들

의 관심사에 최대한 집중하고 오래 머물 수 있다.

● **다양한 놀이 모델을 사용할 수 있다**

아동은 놀이를 통해 자연스럽게 사회관계를 형성하여 이를 유지하고 키울 수 있다. 놀이는 아동들이 그들 아이디어와 경험을 사용하고 반영할 수 있다. 아동 스스로 놀이 아이디어를 개발하고 놀이 파트너에게 제안할 때 아동들은 새로운 놀이 아이디어에 흥미를 느끼고 자유롭게 표현하면서 놀이를 익힌다.

● **자신의 상상력을 표현하기 위해
다른 사람들로부터 새로운 단어를 배울 수 있다**

아동들이 언어를 습득하는 속도는 제각각 다르다. 아이의 생각을 언어로 표현함으로써 상대방에게 이해받을 수 있고 아이 스스로도 원하는 바를 전달할 수 있다. 놀이 파트너가 놀이 활동에 연결된 새로운 단어를 익힐 수 있도록 쉬운 단어를 반복해서 말해 줄 때, 아동은 이 단어를 직접 놀이에 연결 지어 자신의 것으로 만들 수 있다. 언어 습득 발달을 돕는다.

● **다른 사람들과 함께 즐거운 시간을 보낼 수 있다**

어릴 적 가족과 대인 관계 경험은 다른 사람과 대인 관계에도 영향을 미친다. 가족들과 어릴 때부터 자연스럽게 감정을 표현하고 긍정적인 감정을 즐겁게 나눈 경험을 통해 이후 다른 사람들과 좋은 인간관계를 맺을 수 있고 놀이 파트너와도 즐거운 감정을 함께 나누고 원만하게 지낼 수 있다.

● 자신의 감정을 표현하고 다른 사람들과 교감할 수 있다

아동은 아주 어릴 적부터 보호자의 도움을 받아 자신의 감정을 살펴보고 이해하고 명명하고 다른 사람과 공유하는 것을 배운다. 이를 바탕으로 아동은 다른 사람들과 사회 정서적으로 교류하는 능력을 익힌다. 보호자로부터 충분히 공감받은 아이는 자신의 소중함을 알게 되고 다른 사람도 존중할 수 있다.

● 다른 아이들과 원만하게 지내고 협동하며 공감할 수 있다

아동들의 협동 능력은 생후 초기부터 매우 빠르게 진행된다. 예로 부모가 아기의 기저귀를 갈아 줄 때 편안한 분위기에서 긍정적으로 대해 주고 현재 상황에 대해 설명을 해 주면 아기는 자신에게 일어나는 일을 예측할 수 있다. 서로 협동하는 것이다. 결과적으로, 아동은 성인을 알게 되고 그와 공감할 수 있다. 언어 발달 시기 때 부모의 긍정적인 역할 모델링을 통해 협동 능력이 발달된다. 즉 보고 배운다.

● 다양한 사람들과 교제할 수 있다

아동은 살아가는 데 사회적 방향성 설정에 도움이 필요하다. 성인이 일반적인 상황에서 일어나고 있는 일을 아이가 충분히 이해하도록 적절히 알려 주고 돕는다면 아이는 사람들 각자가 다양하고 각각

다르게 행동하고 반응한다는 것을 알게 된다. 아동은 그 가운데 자신의 자아상에 대해 신뢰감을 쌓아 간다. 주변 사람들이 자신의 이야기에 귀 기울여 주고 그것을 충분히 인정해 주면 아이들은 자신의 대화 참여에 자신감을 갖게 된다. 또한 자신의 아이디어나 의견을 제시하면 잘될 것이라는 자신감을 키운다.

- **자신을 대하는 다른 사람의 반응에 주의를 기울임으로써 서로를 더 잘 알게 된다**

다른 사람의 이니셔티브에 주의를 기울이는 것을 배운 아동은 다른 사람의 피드백을 받아들일 줄 안다. 이런 식으로 자신의 이니셔티브가 다른 사람에게 다양한 반응을 불러일으킬 수 있고 자신의 입장과 다르게 나타날 수 있는 것을 알게 된다. 또한 자발적인 행동에 대해 다른 사람이 각각 다르게 반응할 수 있다는 것을 알게 된다. 여러 다른 반응을 통해서 다양한 상황에 가장 적합한 이니셔티브, 즉 자신만의 대처 방안을 선택하는 방법을 배울 수 있다.

- **실패와 실망에 대처할 수 있다**

아동은 자신의 감정과 상태에 따라 불편한 사항이 생기면 실망하거나 풀이 죽어 눈물을 보이거나 화를 내는 경우가 있다. 아동이 실망을 느끼는 상황과 순간을 파악하고 이해를 도우며 힘든 감정을 적절하게 표현할 수 있도록 해 주어야 한다. 누구나 실패하거나 실망할 수 있다고 안심시켜 주고 어느 정도 실망에 익숙해지고 받아들이도록 해 준다. 부모의 기대치를 높이지 않는 것 또한 중요하다.

● 자신의 이익과 긍정적인 기대에 대처할 수 있다

긍정적인 경험을 나누는 것을 터득한 아동은 자신의 성공에 관해서 다른 사람들과 함께 축하할 수 있다. 또한 항상 성공할 수는 없다는 사실을 잘 알고 있다. '항상 성공해야 한다', '이겨야 한다' 등 자기 기대치를 조절할 수 있다.

● 다른 사람의 즐거움을 함께 나눌 수 있다

'다른 사람의 즐거움을 나의 즐거움처럼 함께 나누는 것은 두 배의 즐거움이 된다'는 것을 알고 다른 사람의 성공과 즐거움을 축하하고 함께 기뻐함으로써 자신에게 유익하고 긍정적 경험으로 여길 수 있다.

● 다른 사람이 움직이는 리듬에 따라
  무언의 대화를 이해할 수 있다

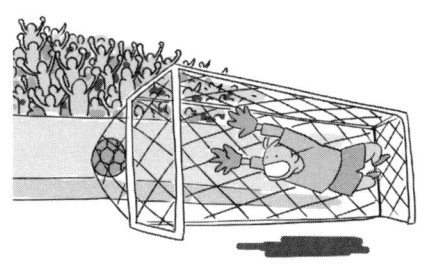

아기는 생애 초기부터 어머니의 '움직이는 리듬'(Bewegungsrhythmus)에 따라 자연스럽게 대화에 참여한다. '신체 언어', '억양, 음조 대화'(Tonus Dialog)에서부터 시작한다. 옹알이가 대표적이다. 어머니의 움직임이나 목소리에 반응하고 응답하며 대화에 참여한다. 부모와의 상호작용 경험을 통해 점차 정서적인 안정과 유대감을 형성한다. 다른 사람들과도 친밀감과 유대감을 형성하게 된다. 일례로 축구 경기를 하는 동안 응원하는 팀의 선수가 골을 넣을 때, 모두가 동시에 함께 양팔을 재빨리 들어 올리며 '환호성'을 지르는 것을 본 적이 있을 것이다. 하나의 신체 동작, '움직이는 리듬'이 무언의 대화로 이어져 모든 사람들이 '환호성'을 지르며 기뻐한다. 축구 경기에서 승리한 기쁨으로 인해 모두가 하나 되는 경험은 특별한 언어적 표현 없이 신체 움직임과 높은 음조로 나타난다.

5. 부모 자녀 관계 상호작용
– 아이의 학교 과제 수행 지도 상황 중심으로

　가정에서 자녀가 학교 과제를 수행하도록 지도할 때는 일반적으로 스트레스가 생기기 마련이다. 부모와 종사자를 위한 다음의 유의사항은 마테 메오 기법을 적용한 청소년 복지 시설 분야에서 가져온 것이다. 다음 사항을 토대로 상호작용의 상태와 수준을 파악할 수 있다. 또한 영상 이미지에 기반한 상담 시 가장 적합한 영상 클립을 선택하는 데 유용하다.

과제 수행 지도 시 유의사항

● 상호 조정해서 분명하게 시작을 정한다

　본격적으로 과제를 시작하기 전에 엄마는 아이를 쳐다보고 아이도 엄마를 쳐다보게 한 다음 엄마가 "자~ 이제 시작하도록 하자"라고 말하도록 한다. 이로써 자녀는 과제를 수행해야 하는 상황에 집중할 수 있다.

● 프로세스를 구성하는 명확한 지침을 제공한다

"어떤 과제인지 알아보자. 그럼 뭘 해야 하는지 알게 될 거야." 아이 스스로 부모에게 자신의 과제에 대해 설명하도록 하게 한다. 과제는 자신이 할 일이고 학교와 관련된 일은 자신이 처리해야 할 일이라는 것을 명확히 한다.

● 아이 스스로 과제를 수행할 수 있도록 시간을 준다

아이는 자신의 과제 수행을 이해할 시간이 필요하다. 부모가 아이의 표정에 '이제 나는 그것을 이해했다'는 신호가 있는지를 관찰한다. 아이가 신호를 보일 때까지 기다렸다가 계속 진행한다.

● 새로운 과제를 작은 단계별로 나눈 후
  다시 세부적으로 확인한다

아이가 자신의 과제를 수행하는 방법을 스스로 설명하도록 해 본다. 이때 부모가 "그래 잘하고 있구나"라고 인정해 주면 아이는 '내가 잘하고 있어'라고 느끼게 된다. 따라서 부모와 좋은 협력 관계를 유지할 수 있다. 특히, 어려운 과제를 수행할 경우 한 단계 수행 후 또는 글자 하나 작성 후에도 확인해 주고 자녀가 자신이 하는 일에 지속적으로 동기를 부여하고 성공적으로 잘 마무리할 수 있도록 "그래 맞아. 잘했어"라고 적극적으로 지지해 주는 것이 중요하다.

● 각 단계별로 성공적인 마무리가 되도록 한다

작은 단계별로 과제가 완료된 후에는 각 단계에 적합한 내용으로 명명해 주고 성공적으로 마무리하도록 한다.

부모는 "문장을 올바르게 수정했구나. 정확하구나. 이제 다음 문장을 보도록 해라"라고 말해 준다. 이것은 아이 스스로 해야 할 과제를 확인하고 그 내용의 맥락을 이해하고 부모와 계속 협동할 수 있도록 돕는다.

● 자신 및 타인을 존중하는 법을 익힌다

부모가 아이의 필통을 가져갈 때 아무 말 없이 그것을 가져가는 것이 아니라 "필통을 주세요"라고 말해 주면, "과제는 네가 할 일이고 그것이 너의 과제란다. 또는 너의 물건이란다. 그리고 나는 너를 존중한단다"라고 말하는 것과 동일하다. 그 아이는 자신의 소지품에 대해 더 많은 책임감을 가질 수 있다. 또한 다른 사람들과 그들의 개인적인 사생활을 존중하는 법을 배울 수 있다.

● 문제 해결 방법을 말하도록 한다

부모는 이 과제 수행 방법에 대해서 어떻게 생각하는지에 대해 이야기한다. "오, 세 번 작성하라는 뜻이구나." 아이는 과제에 대한 모호함을 처리하는 방법과 의사소통을 통해 문제를 해결하는 방법에 대해서 배울 수 있다. 어떤 어려움이 닥쳐도 쉽게 포기하지 않는 능력을 키울 수 있다.

● 아이의 이해 수준에 맞게 진행 속도를 조절한다

아이가 자신의 아이디어로 과제를 해결하려고 할 때 부모는 그 의견에 대해서 "네 뜻은 한 문장만 작성하면 된다는 거구나"라고 확인해 준다. 자신의 의견이 중요하고 유능하다고 경험하게 된다. 아이가 이해하는 속도에 맞춰서 시선을 마주치며 주의를 기울인다. 아이가 다 이해했다면 다음 단계를 진행한다.

● 아이의 주의가 산만함을 살피고
  하던 과제에 다시 관심을 갖도록 한다

아이가 과제를 진행하는 중에 벽에 있는 그림을 바라본다든지 다른 곳에 한눈을 판다면 엄마는 아이에게 "아 여기에 그림이 있구나. 자 이제 다시 공책을 보도록 할까?"라고 말해 준다. 아이는 자신의 주의력을 조절하고 원래 하던 일로 돌아오는 법을 배운다.

● 아이가 잘 완수한 것에 대해 함께 기뻐하도록 한다

"네가 잘 해냈다"라고 말하면서 아이와 함께 성공적으로 마친 것을 기뻐한다. 성공적인 순간을 경험하고 말로 표현하면서 아이와 즐거움을 공유하며 다음에 과제를 수행해야 할 때도 긍정적인 기대감을 갖도록 돕는다.

영상 이미지에 기반한 상담을 위한 체크리스트

마테 메오 영상 이미지에 기반한 상담 시 유의사항

다음은 마테 메오 영상 이미지에 기반한 상담 시 상담자가 활용할 수 있는 자기 점검 목록이다. 자세한 설명은 마테 메오 핸드북에서 확인할 수 있다(Aarts, 2011).

- 상담을 시작할 마음의 준비를 취한다.
- 상담 시 시작을 분명하게 한다.
- 상담 시 편안한 환경을 조성한다.
- 적당한 자리에 앉도록 한다.
- 전체 진행에 대해 설명한다.
- 진행 단계별로 자세하게 설명한다.
- 내담자의 질문, 걱정, 욕구 또는 지난 회기의 내용을 정리한다.
- 상담 목표 및 내용에 적합한 영상 클립을 선택하고 제시한다.
- 내담자(부모 또는 종사자)에게 이야기할 때는 그를 바라본다.
- 영상 시청 시 내담자의 반응이 나타날 때까지 기다린다.
- 내담자의 말에 주의를 기울인다.
- 대화를 활성화한다.

- 내담자에게 지지적 태도를 취한다.
- 내담자(부모 또는 종사자)가 느끼는 감정에 대해 충분히 주의를 기울인다.

- 내담자의 감정에 대해 반영한다.
- 마테 메오 상담에 필요한 기술을 잘 익힌다.
- 각 상담 목표 및 주제별로 시작과 끝을 분명히 한다.
- 상담자 자신의 행동에 대해서 명명한다.
- 각 상담 목표 및 주제와 연관성 있는 영상 클립을 선택한다.
- 일상생활에서 실천할 수 있는 구체적인 정보를 제공한다.
- 의사소통 상호작용 분석을 사용하여 상담 및 조언을 제공한다.
- 아동 또는 내담자의 발달 단계에 필요로 하는 부모의 양육 태도와 연결 지어 다룬다.
- 내담자의 상황에 적절한 표현을 지지하고 그 내용을 확인한다.
- 상담과 관련한 사항을 이해할 수 있도록 돕는다.
- 차분한 목소리와 온화한 표정으로 내담자를 대한다.

- 내담자의 심리·정서적 상황에 따라 가장 맞는 톤으로 어조를 다르게 말한다.
- 상담 종결 시 마무리를 분명하게 한다.

III

기타

1

마테 메오 영상
촬영 및 사용에 대한 유의사항

  다음은 마테 메오에 사용된 영상 자료 사용 방법에 대한 합의 사항을 명확하게 하기 위한 것이다. 영상 촬영 작업은 내담자의 개인 정보보호와 관련된 법을 준수하고 사생활과 비밀 유지에 있어 내담자의 권리를 최대한 존중해야 한다. 개인정보보호법상 개인정보 수집에 대한 동의를 구해야 한다. 상담자 윤리에서는 상담과 치료 관계에서 내담자에게 믿음과 신뢰를 주며 상담 관계에 충실해야 한다. 전문가로서의 태도와 책임, 인간의 권리와 존엄성을 존중해야 한다.

  영상 자료 사용은 특별한 신뢰 관계에 기반하여 진행한다. 여기에는 모든 영상 자료의 관리 및 취급뿐만 아니라 내담자와 상담 및 치료 관계에 영향을 주는 데 해당되는 기타 문서를 포함한다. 다음 양식은 마테 메오 실제 작업에서 사용되고 있는 것이다. 상담 또는 보호 관계의 특정한 특성과 요구 사항에 맞게 조정해야 한다. 본 저자는 다음 양식을 예시로 제시하며 각 개별적 내용에 대해 기술적 또는 법적 책임이 없음을 밝힌다.

마테 메오 상담 동의서 (예시)

친애하는 ○○님

마테 메오 상담은 귀하가 제시한 문제 사항에 대한 해결책을 찾는 것을 목적으로 귀하와 귀하 가족을 대상으로 영상을 촬영하고 분석하는 상담입니다. 상담자는 촬영을 마친 후 가능한 한 최고의 도움을 제공하고자 본 영상을 분석합니다. 본 상담은 영상 이미지에 기반해 상담 및 조언을 제공합니다.

귀하의 영상 녹화물은 상담자와 슈퍼바이저가 볼 수 있고 상담에 사용할 것입니다.

상담 외 교육 등의 용도로 영상 녹화물을 사용하게 될 경우 별도의 동의가 필요합니다.

영상 녹화물은 개인정보입니다. 상담 종료 후 영상 녹화물은 삭제됩니다.

위 사항에 동의합니다.

내담자　　(인)
상담자　　(인)

20 년　월　일

마테 메오 교육 사용에 대한 동의서 (예시)

나____은(는) 교육에 대한 안내를 받았음을 확인합니다.

나____은(는) 교육 및 연수 목적으로 사용될 것을 동의합니다.

나____은(는) 교육 및 연수 목적에 익명으로 사용될 것을 허락합니다.

내담자　　(인)
상담자　　(인)

20 년 월 일

마테 메오 자격 교육 과정

마테 메오(Marte Meo)라는 이름은 전 세계 단일로 등록된 글로벌 자격 교육 상표이다. 자격 교육 과정은 마테 메오 국제 본부(Marte Meo International)에 공식적으로 게재되어 있으며 마테 메오 핸드북(Marte Meo Handbook) 제6장에 자세히 소개되어 있다(Aarts, 2015).

마테 메오 자격 교육은 임상 현장 교육 중심으로 심리 및 교육, 각 사회 복지 분야에서 활동하는 종사자들의 실질적인 활동을 전제로 한다.

마테 메오 자격 교육 과정은 4단계로 구성되며 전 세계의 교육생들은 각 단계별로 내용을 이수하고 마테 메오 국제 본부에 등록 후 자격증을 수여받는다.

● 마테 메오 프랙티셔너 교육 과정(1단계)

1단계 자격 교육 과정은 발달 지지적인 커뮤니케이션 접근법을 통한 마테 메오 상담 모델에 대한 기본적인 내용으로 구성되어 있다. 이 과정에서는 교육생들의 실제 임상 현장이나 일상생활에서 모습을 촬영한 후 영상 녹화물 슈퍼비전을 통해 자신의 긍정적인 이미지를 셀프 모델링 학습할 수 있다. 자격 취득을 위한 일반적인 마테 메오 기간은 월 1회 기준으로 6달에 걸쳐 총 6회의 교육을 필요로 한다.

● 마테 메오 치료사 / 마테 메오 코칭 교육 과정(2단계)

2단계 자격 교육 과정은 영상 관찰에 기반한 상담 및 치료, 코칭에 대한 기본적인 내용으로 구성되어 있다. 이 과정에서는 교육생이 상담자로서 내담자 또는 고객을 대상으로 한 상담 또는 코칭 방법을 학습할 수 있다. 이때 마테 메오 영상 이미지 상담에 적합한 영상 클립의 선별 분석법뿐만 아니라 슈퍼바이저의 지도 감독하에 교육생들의 실제 다양한 상황에서 미디어 영상 상담 및 치료를 계획하고 실행하는 방법에 대해서 학습한다. 이 교육 단계에 대한 최종 인증 기준은 총 4~6개 마테 메오 영상 이미지 상담 사례의 전 과정을 수련감독자의 지도하에 발표함으로써 자격을 수료할 수 있다. 자격 취득을 위한 일반적인 소요 기간은 월 1회 기준으로 1여 년에 걸쳐 총 12회의 교육을 필요로 한다.

● 마테 메오 슈퍼바이저(3단계)

3단계 자격 교육 과정은 교육생이 슈퍼바이저 또는 자격 취득 인증 기준의 교육 강사로서 마테 메오 슈퍼비전, 교육 방법을 학습할 수 있다. 수료 후 슈퍼바이저 자격이 주어진다. 자격 취득을 위한 인증 기준은 총 4~6개의 마테 메오 치료사 및 코칭 교육 과정 사례 완수로 이를 증빙해야 한다. 본 교육과정은 마테 메오 수련감독자(Licensed Supervisor)의 지도 감독하에 진행되어야 한다.

● 마테 메오 수련감독자(4단계)

수련감독자는 마테 메오 국제 본부에서 허가 및 지정하고, 지정된 수련감독자는 모든 자격 취득 교육 과정의 품질 보증을 담당한다.

· 마테 메오 인터내셔널 본부(Marte Meo International)

Molenveld 20
5611 EX Eindhoven
The Netherlands
Tel. (+31) 40 246 05 60
E-mail: aartsmaria@martemeo.com
www.martemeo.de

· 독일 파흐풀 교육원(fachpool gGmbH)

'독일 루어지역 마테 메오 국제 역량센터'
(International Marte Meo Competence Center Ruhr)
Walter-Bälz-Str. 56
44625 Herne
Tel.: (+49) 2323-99 38 59-2
e-Mail: info@fachpool.de
www.fachpool.de

· 독일 북부 지역 마테 메오 연구소

(Das Norddeutsche Marte Meo Institut)
Davidsweg 63
26817 Rhauderfehn
Tel.: (+49) 52- 89 67 33
e-Mail: mail@nmmi.de
www.norddeutsches-marte-meo-institut.de/

· 한국 마테 메오 교육

(재)푸른나무재단
서울시 서초구 서초대로 46길 88
Tel.: 02-585-0098
e-Mail: youmiyi@daum.net
www.btf.or.kr

참고문헌

Aarts, J. (2007). Marte Meo Methode für Schulen, Entwicklungsfördernde Kommunikationsstile von Lehrern-Förderung der Schulfähigkeit von Kindern. Eindhoven: Aarts Productions.

Aarts, M. (1995). Aus eigener Kraft-Systhema. 10(1) S.29-34.

Aarts, M. (1996). Marte Meo Guide-Harderwijk: Aarts Productions.

Aarts, M. (2002). Marte Meo Programme For Autism-Harderwijk: Aarts Productions.

Aarts, M. (2009, 2011, 2015). Marte Meo Handbuch-Eindhoven: Aarts Productions.

Aarts, M. (2012). Marte Meo Programm für Autismus (Buch mit DVD) Eindhoven: Aarts Productions.

Aarts, M., Hawellek, C., Rausch, H., Schneider, M., Thelen, C. (2014). Marte Meo: Eine Einladung zur Entwicklung. Eindhoven: Aarts Productions.

Aarts, M., Loosli, T. (2011). Marte Meo Elterncoaching. In: Kommunikation und Kinder Teil 1 Nr.87 Juni.

Aarts, M., Rausch, H. (2009). Marte Meo Kommunikations training-Mir fällt nix ein. Eindhoven: Aarts Productions.

Alger, I. (1973). Konfrontation mit dem Fernsehbild in der Gruppentherapie. In: Sager, C. Kaplan, H. Handbuch der Ehe-, Familien-und Gruppentherapie Bd.1, München: Kindler.

Axberg, U. u.a., (2006). The Development of a Systemic School-Based Intervention: Marte Meo and Coordination Meetings. In Family Process, Vol 45/3.

Becker, U. (2009). Marte Meo-Auf die Beziehung kommt es an. In: Pflegen/Demenz 12.

Berger, P.L (2011). Einladung zur Soziologze S.73-86. Stuttgart. UTB.

Berther, C. Loosli, T.N. (2015). Die Marte Meo Methode. Ein bildbasiertes Konzept unterstützender Kommunikation für Pflegeinteraktionen. Bern. Hogrefe.

Borke, J., Hawellek, C. (2011). Trotz- entwicklungspsychologische und klinische Perspektiven. In Keller, H. (Hg.) Handbuch der Kleinkindforschung, Huber: Bern.

Buber, M. (1995). Ich und Du. Reclam. Stuttgart.

Bünder, P. (2007). Theoriebuch Marte Meo, Kölner Verein für systemische Beratung, Eigenverlag.

Bünder, P. (2011). Entwicklungsförderung von Risikokindern und ihren Eltern mit Hilfe von Videoberatung nach der Marte Meo Methode. In: Praxis der Kinderpsychologie und Kinderpsychiatrie 5, 60. Jahrg.

Bünder, P., Sirringhaus, A., Helfer, A. (2006). Praxisbuch Marte Meo Eigenverlag

Bünder, P., Sirringhaus-Bünder, A. Helfer, A. (2009). Lehrbuch der Marte Meo Methode. Entwicklungsförderung mit Videounterstützung. Göttingen V & R.

Clarke, Corcoran, Duffy (2011). The Dynamics of Sharing Professional Knowledge and Lay Knowlegde/A study of parents and professionals experiences of childhood interventions within a Marte Meo framework. Dublin University May.

Elling, C. (2005). Die Chancen der Marte Meo der Vermittlung von Kindern in Pflegefamilien, M Magazine, 3.

Ferenczi, S. (1999). Ohne Sympathie keine Heilung. Das klinische Tagebuch von 1932. Fischer. Frankfurt.

Geupel, B. (2006). Verbindungen schaffen zwischen Mutter und Kind nach der Trennung der Eltern, Ein Beispiel aus der Kinderpsychotherapie Systhema 20. Jahrg., 1.

Grossmann, K., Grossmann, K.E. (2004). Bindungen-das Gefüge psychischer Sicherheit. Klett-Cotta. Stuttgart.

Hawellek C., v.Schlippe, A.(Hgs.) (2005). Entwicklung unterstützen-Unterstützung entwickeln Systemisches Coaching nach dem Marte Meo Modell. V & R. Göttingen.

Hawellek, C. (1992). Das Konzept der Grenzen. Zur Bedeutung eines Arbeitsbegriffs in Theorie und Praxis der Therapie mit Kindern und Familien. Peter Lang Frankfurt Berlin, Bern, New York, Paris, Wien.

Hawellek, C. (1995). Das Mikroskop des Therapeuten–Systhema. 10(1), pp.6–28.

Hawellek, C. (1997). Von der Kraft der Bilder Systhema 12 (2) pp.125–135.

Hawellek, C. (2000). Die Nutzung von Videointeraktionsanalysen in der Arbeit mit depravierten Familien. Vortrag auf der 47. Arbeitstagung österreichischer JugendamtspsychologInnen. Wien: Eigenverlag S.68–89.

Hawellek, C. (2006). Kleine Monster–Marte Meo Coaching für Eltern von Babys und Kleinkindern–LAG Horizonte 3.

Hawellek, C. (2009). Marte Meo in der Erziehungs–und Familienberatung: Konkrete Hilfe zur Bewältigung des pädagogischen Alltags. Marte Meo Newsletter.

Hawellek, C. (2011). "Sich beobachten heißt sich verändern". In: Schindler, H., Loth, W. v. Schlippe, J. Systemische Horizonte. V & R. Göttingen.

Hawellek, C. (2012). Entwicklungsperspektiven öffnen. Zu den Grundlagen der Marte Meo Methode. V & R Göttingen.

Hawellek, C. (2013a). Mikroperspektiven elterlicher Präsenz. Beiträge der Marte Meo Methode zum Konzept der elterlichen Präsenz. In: Grabbe, M., Borke, J., Tsirigotis, C. (Hgs.). Autorität, Autonomie und Bindung. Die Ankerfunktion bei elterlicher Präsenz, S.210–230. Göttingen V & R.

Hawellek, C. (2013b). Marte Meo im therapeutischen Dialog mit einem behinderten Jugendlichen. In:Aarts, M.

Hawellek, C. (2014a). Einladung zum Perspektivwechsel. Die Möglichkeiten der Marte Meo Methode in Beratung und Psychotherapie. In: Familiendynamik 1.

Hawellek, C. (2014b). Videobasierte Beratung u. Therapie in: Levold,T., Wirsching, M. (Hgs.) (2014). Systemische Therapie und Beratung. Das große Lehrbuch. Heidelberg Carl-Auer.

Hawellek, C. (2016). Beratung auf Augenhöhe. In: Rohr, D., Hummelsheim, A., Höcker, M. Beratung lehren. Erfahrungen, Geschichten, Reflektionen aus der Praxis von 30 Lehrenden. Beltz Juventa, Weinheim.

Hawellek, C. Rausch, H., Schneider, M., Thelen, C. Marte Meo: Eine Einladung zur Entwicklung. (175-189). Eindhoven: Aarts Productions.

Hawellek, C., (2013b). Marte Meo im therapeutischen Dialog mit einem behinderten Jugendlichen. In: Aarts, M.

Hawellek, C., Rolfes, W. (2004). Frühe Erziehungsberatung LAG Info 2 (Informationen der Niedersächsischen Landesarbeitsgemeinschaft für Erziehungsberatung).

Hawellek, C., v. Schlippe, A. (2008). "Good Enough"-Counseling. In: Borke, J., Eickhorst, A. Systemische Entwicklungsberatung in der frühen Kindheit, Facultas, Wien.

Holtmeyer, C. (2006). Evaluation der Marte Meo Arbeit in der Erziehungsberatung. Diplomarbeit Uni Osnabrück, Fachbereich Humanwissenschaften, Lehreinheit Psychologie, Fachgebiet Klinische Psychologie. Unveröffentlicht.

Isager, M. (2016). Marte Meo Konkret, Entwicklungs- und Sprachförderung in Beispielen, BoD Norderstedt.

Isager, M., Becker,U (o.D.) Marte Meo-Aus eigener Kraft: Eine Einführung in das Konzept, In: Themenheft transferplus/ Heft 2.

Lävermann, U. , Strobl, Ch. (2006). Eltern-Coaching systemisch, lösungsorientiert, ressourcenorientiert Systhema 4.

Loosli, T. (2011). Marte Meo und ADHS: Mit Marte Meo Entwicklungsunterstützungsmomente im gewöhnlichen Alltag nutzen. Mitteilungsblatt der Schweizerischen Fachgesellschaft ADHS Ausgabe 30 Juni 2011.

O'Donovan, C. (2003). An Account of Training 2001-2002. The Marte Meo Projekt. Marte Meo Newsletter (26) 4-16.

Øverheide, H., Hafstadt, R. (1996). The Marte Meo Method and Developmental supportive Dialogues. Harderwijk, Aarts Productions.

Paegle, M. (2005) "Marte Meo i familjehem". Fritt tolkat fraen en artikel i tidningen Marte Meo Magazine 2005/3, Vol.32. Excerpt in Swedish language of the article by Christoph Elling: "Die Chancen der Marte Meo-Methode bei der Vermittlung von Kindern in Pflegefamilien". Marte Meo Magazine 2007/1, Vol.36, S.26-27.

Papoušek, M. (2001). Intuitive elterliche Kompetenzen. Frühe Kindheit (4) 4-10.

Rausch, H. (2011). Die Kraft der Bilder nutzen. Erfahrungen einer Marte Meo Therapeutin in der Arbeit mit Kindern und Jugendlichen. In Familiendynamik Heft 3/2011, 36. Jahrgang.

Seligmann, M. (2003). Der Glücks-Faktor. Warum Optimisten länger leben. Bergisch-Gladbach: Ehrenwirth.

Sirringhaus/Bünder, A. et al. (2001). Die Kraft entwicklungsfördernder Dialoge. Das Marte Meo Modell im Praxisfeld Erziehungsberatung. In: v. Schlippe et al (Hgs). Frühkindliche Lebenswelten und Erziehungsberatung. Die Chancen des Anfangs. Münster: Votum.

Stern, D. (1998). Die Mutterschaftskonstellation. Stuttgart: Klett-Cotta.

Tsirigotis, C., v. Schlippe, A., Schweitzer-Rothers, J. (Hgs.) (2006) Coaching für Eltern Carl-Auer Verlag, in: Schlippe, A., Schweitzer-Rothers, J (2007). Lehrbuch der systemischen Therapie und Beratung. Göttingen: V & R.

Ulma, B. (2005). Marte Meo in der Altenarbeit: Erste Erfahrungen Marte Meo Magazine, 2005/2, p.13. Aarts Productions, Harderwijk.

V. Schlippe, A. Schweitzer, J. (2012). Lehrbuch der systemischen Therapie und Beratung 1 u. 2. Göttingen V & R.

Vik, K., Braten, S. (2009). Video Interaction Guidance inviting Trancendence of postpartum depressed Mothers self centered state and holding Behavior. In: Infant Mental Health Journal, Vol. 30(3), Michigan Association for Infant Mental Health: Published online www.interscience.wiley.com.

Winnicott, D.W. (1994). Die menschliche Natur. Stuttgart Klett-Cotta.

Wirtberg, I. (2004). Handlungsfeld, Forschung und die Kunst der Kooperation. Kooperation und Marte Meo Hilfswerkzeuge für Kinder mit Interaktionsstörungen in der Schule. In: Psychische Gesundheit 1,

Schwedische Vereinigung für Psychische Gesundheit (Deutsche Übersetzung: Christian Hawellek, erhältlich auf Nachfrage www.nmmi.de).

Zenter, M. (1993). Passung: Eine neue Sichtweise psychischer Entwicklung. In: H.G. Petzold (Hg.) (1993). Frühe Schädigungen-späte Folgen? Psychotherapie und Babyforschung. Marte Meo and the care of elderly, Marte Meo Newsletter 11/1996. Aus dem Englischen: Chr. Hawellek.

미주 설명

1 Marte Meo는 전 세계 53개 국가에서 다양한 심리·사회적 프로젝트 및 프로그램에 개발되어 사용되고 있다.

2 www.nmmi.de

3 Isager, M. (2009).

4 이론 및 학문적 관련 저서로는 뷘더 외 공저자(Bünder et al.)의 간행물과 개인 간행물(참고문헌 참조), 스칸디나비아 및 영어권 국가의 연구보고서와 프로젝트 관련 문헌들에서 찾을 수 있다.

5 마테 메오(Marte Meo)는 스테른(Stern, 1992)의 저작권의 개념(Das Konzept der Urheberschaft), 반두라(Bandura, 1979)의 자기 효능 개념(Das Konzept der Selbstwirksamkeit)과 관련이 있다. 안토노브스키(Antonovsky, 1997)의 응집감(Kohärenzgefühl/sense of coherence)은 삶은 그 자체만으로 의미가 있으며 문제들은 발생함에도 불구하고 살아볼 만한 가치가 충분하다고 정의한다. 응집감을 구성하는 세 가지로 요소로 1) 이해 가능성 2) 감당 가능성 3) 의미감을 들었다. 경험하는 것의 이 세 가지에 관한 느낌은 정신 건강 발달의 기본 구성 요소라고 하였다. 또한 사루토제너시스(Salutogenesis) 가설에 기본 요소를 두고 있다. 라틴어 salus=health 그리스어 genesis를 합한 낱말이다. 단어 그대로 번역하면 건강에 대한 기원이다. 어떤 사람은, 언제, 다른 사람들보다 다른 때보다 덜 고통을 느끼게 되고 건강을 지향하며 움직이는가? 살아가는가? 생존하는가? 사람은 응집감(sense of coherence)이 강하면 강할수록 인간의 실존에서 불가피한, 지속적인 마음속에 새겨진 스트레스 원인들에 대해서 보다 더 성공적으로 대처할 수 있고 대처하는 양식은 특수한 것이 아니라 자신들이 직면한 특별한 스트레스 원인들의 복합체에 적절하다고 보이는 대처 방식과 거기에 필요한 자원들을 선택한다는 것이다. 경험한 것들에 관한 이해, 관리, 의미에 대한 느낌은 정신 건강 발달의 기본적 구성 요소이다.

6   Hawellek, C. (2005). Ein-Sichten. Marte Meo in der Erziehungs- und Familienberatung, 61ff. In: C, Hawellek, v. Schlipp, A.(Hg): Entwicklung unterstützen-Unterstützung entwickeln. Systemisches Coaching nach dem Marte Meo Modell. pp.56-72. Göttingen. V & R.

7   인본주의적 심리학은 인간 개인의 '성장'에 관심을 가지고 '성숙'이란 사람이 자신의 가치 체계를 세우고 이를 따르는 과정이라고 여긴다. 다양한 형태의 인본주의적 심리학에 근거한 상담의 예시로는 게슈탈트 치료, 대화심리치료, 상호작용중심 상담 등을 들 수 있다.

8   행동주의적 학습이론 및 행동 치료를 고려할 수 있다. 긍정적 행동 또는 기술을 습득함으로써 행동들을 변화시킬 수 있다.

9   최근 몇 년 동안 '성숙'의 개념은 Haim Omer, Arist v. Schlippe의 부모의 존재와 비폭력 저항에 대한 체계적인 부모코칭에서 사용되고 확립되고 있다. 부모의 존재는 부모가 생각과 행동으로 '나는 항상 네 옆에 있고 그곳에 머물 것이다. 너의 어머니이자 아버지다. 우리를 밀어낼 수도 없고 해고할 수도 없다. 우리는 항상 곁에 있다'라는 메시지를 전달할 때 성공적인 양육이라는 새로운 권위의 기반이 되는 이미지에서 부모는 자녀의 안전한 안식처를 상징한다. 모든 종류의 폭력을 포기하고 자기 조절력을 발달시켜야 하며 충동적으로 반응하지 않고 명확한 입장을 유지해야 한다. 그 안식처는 아이에게 있어서 자신의 보트를 보호할 수 있는 방식으로 설계되어 있어야 하지만 보트가 세상 밖으로 나가 경험을 쌓을 수 있도록 해야 한다는 뜻이기도 하다. 부모라는 존재는 자녀에게 친구, 보호자, 동반자, 경청자, 가족의 수호자임과 동시에 경계 설정자, 교육자 및 브레이크 역할자이기도 하다(Haim Omer 인터뷰 중에).

10   개인의 '개발을 지원(Entwicklung unterstützen)'하고 지원을 개발(Unterstützung entwickeln)'하는 것은 상호 협력하는 대화와 유사하다. 커플이 함께 협력해서 호흡과 동작을 맞춰 가며 춤을 추는 모습(Gestalt)에 비유하기도 한다. 즉 무엇에 우선순위를 두지 않고 상호협력적이며 유기적이어야 한다.

11   신경과학자들은 인간의 뇌 속에서 거울 뉴런을 발견하고, 타인의 감정을 공감하고 연민을 느낀다는 것을 알게 되었다. 인간이 그림과 영상 이미지를 통해

경험하고 공감할 수 있다는 것이 과학적으로 증명되었다. Bauer, J. (2009). Kleine Zellen, große Gefühle-Wie Spiegelneurone funktionieren.

12 이 통찰의 첫 번째 공식은 아리스토텔레스(Aristoteles)에게서 찾을 수 있는데, 그는 인간을 사회적, 정치적인 동물(Zoon Politikon) 조온 폴리티콘이라고 정의하고 있다. 마찬가지로 아돌프 포트만(Adolf Portmann)의 인류학 관련 연구 결과에 따르면 인간은 지역 사회의 돌봄 없이는 생존할 수 없다고 하였다.

13 Hawellek, C. (2012). Entwicklungsperspektiven öffnen. Zu den Grundlagen der Marte Meo Methode. V & R Göttingen.

14 Hawellek, C. (2011). Sich beobachten heißt sich verändern. In: Schindler, H., Loth, W. v. Schlippe, J. Systemishce Horizonte. V & R. Göttingen. p.170.

15 대화를 기반으로 한 여러 가지 치료 및 상담 절차 과정은 다양한 방법 및 경험을 통해 발달되고 더욱 확장되었다. 이 방법들은 주로 인본주의 치료 형태와 구조적 치료에서 비롯되었다.

16 정신분석치료는 내담자의 기억뿐만 아니라 치료실에서 일어나는 사건, 즉 해석 작업을 위해 상담자와 내담자 사이에 일어나는 일에 관해서도 다룬다. 이에 상담자와 내담자 사이에서 이루어지는 대화에 대해 중요하게 여기게 되었다. 전문적이고 독립적인 상담자가 되기 위해 수련생들은 이에 대한 슈퍼비전을 받는다.
체계적 치료사는 상담진행에 대한 피드백을 얻고 적절한 상담 개입방법 지원 받기 위해 일방경이 있는 다른 방에 동료들을 배치했다. 그 동료들은 상담과정 수행을 관찰할 수 있다. 이러한 맥락에서, 셀비니팔라촐리(Selvini-Palazzoli)의 밀라노 학교와 그 동료들을 특히 언급할 가치가 있으며, 나중에 동료들의 피드백은 다시 치료실로 전달되었다. 다른 방에서 내담자와 직접 대화하지는 않지만 대화를 다른 방에서 듣고 난 후 동료 치료사와 내담자 간의 대화에 대해 생각한 것에 대해 서로 이야기한 동료 그룹은 정리된 규칙에 따라 피드백을 제공한다. 이로 인해 노르웨이의 정신과 의사인 톰 앤더슨(Tom Anderson)은 '반영팀'(Reflecting Team)을 만들게 되었다.
오늘날 비디오 피드백은 광범위한 배경에서 상담사와 치료사를 교육하고 자격을 갖추기 위한 일반적인 도구로 사용되고 있다.

칼 로저스(Carl Rogers)는 전문 상담 및 치료에 기술적 피드백 시스템을 도입한 최초의 사람 중 하나이다. 그와 그의 제자들은 녹음테이프를 사용하여 내담자중심 상담기법을 개발하고 발전시켰다. 1970년대에는 '집단치료에서의 영상 이미지를 통한 직면'(Konfrontation mit dem Fernsehbild in der Gruppentherapie) 기법은 미국의 집단치료 진행에 사용되었다(Alger, 1972).

17 Aarts, M. (2009).
    Bünder, P., Sirringhaus-Bünder, A. Helfer, A. (2009).

18 Hawellek, C. (2014a).

19 Hawellek, C. (1997).

20 Hawellek, C. (2006).

21 C. Rymann Soler(2014). Implementierung der Marte Meo Methode in eine Einrichtung für Mens schränkungen am Beispiel der Stiftung Wagerenhof. Schweiz. In: Marte Meo Magazine Juni 2014 (1-7).

22 뇌의 전두엽이 담당하는 선언적 기억은 주로 언어 정보를 처리하는 것과 달리, 절차적 기억은 그림과 같은 시나리오의 처리 및 저장에 관여한다. 선언적 기억은 기억하는 사람이 의도적으로 기억을 하고 싶어서 기억을 하는 형태로 적용되는 기억이다. 절차적 기억은 어떤 과제를 해결하거나 행동을 수행하는 데 요구되는 일련의 지식이나 기능에 대한 기억이다. 자주 사용함에 따라 의식적인 노력 없이 자동적으로 접근하여 사용할 수 있게 된다.

23 이미 인생의 경험에 대한 기억은 다양한 상황에 의존하고 살아가는 동안 일어나는 사건에 따라서 의미가 달라질 수 있다. 베르거(Berger, 1973)는 우리의 자서전적 기억은 현재의 주관적 현실에 따라 달라질 수 있다고 하였다.

24 Hawellek, C. (1995).

25 자이가르닉 효과(Zeigarnik Effect)는 미완성 효과라고도 한다. 미완성한 작업에 대해 더 잘 기억한다는 뜻이다.

26 특별한 경우, 외상 기억(traumatic memory)으로 남는다.

27 Aarts, M.; Hawellek, C.; Rausch, H.; Schneider, M. & Thelen, C. (2014).

28 Omer, H & v. Schlippe, A., (2014). Feinbilder-Psychologie der Dämonisierung. Mit einem Vorwort des Dalai Lama.

29 이 통찰의 첫 번째 공식은 아리스토텔레스에서 찾을 수 있는데, 그는 인간을 사회적, 정치적인 동물(Zoon Pliticon) 조온 폴리티콘이라고 정의하고 있다. 마찬가지로 아돌프 포트만(Adolf Portmann)의 인류학 관련 연구 결과에 따르면 인간은 지역 사회의 돌봄 없이는 생존할 수 없다고 하였다.

30 이러한 맥락에서 에리히 스테른(Erich Stern)과 하누스 파포섹(Hanus Papoušek)의 연구가 특히 중요하다. 에리히 스테른(1889-1959)은 독일 정신과 의사, 심리학자 및 교육학자이다. 특히 의료심리학 분야에서 유명하다. 하누스 파포섹(1922-2000)은 체코슬라바키아에서 출생한 독일의 소아과 의사이자 커뮤니케이션 연구자이다. 생애 첫 달의 학습 능력 발달 연구로 전 세계적인 명성을 얻었다.

31 진화 생물학적 관점에서는 생존이나 번식 방법이 동일한 종은 유전적으로도 프로그램화된 생존 기제 행동 중 몇 가지를 가지고 태어난다고 한다. 생존을 위해 필요한 행동 유형도 마찬가지다.

32 이러한 맥락에서 에리히 스테른(Erich Stern)은 '암시적인 지식'(impliziten Wissen)은 전략적이거나 심사숙고하지 않을 뿐만 아니라 개별 행동에 반영되지 않고 단순하게 작동한다고 하였다. 이에 대한 좋은 예는 아기의 의사소통 선호도와 정확히 일치하는 소위 '베이비 토크'(Baby Talk)로, 약 25cm 거리를 두고 대면하는 커뮤니케이션 방법이다. 일정한 거리를 유지한다. 일반적인 커뮤니케이션 방법과 달리 리듬이나 음조, 음색에 변화를 줘 이야기하는 방식을 말한다. 표정도 뚜렷하게 지어 다소 과장돼 보일 수 있다. 질문이나 특정한 말을 할 때 마치 노래하듯이 더 높고 리듬감 있게 이야기하는 것이다.

33 에리히 스테른(Erich Stern)이 강조하기를, 아기와의 대화 조절은 정신분석학의 전통적인 측면에서 '무의식적'(unbewußt)이기보다 '암시적'(implizit)으로 특성화되어야 한다고 하였다. 정신분석학적 의미에서 무의식은 '억제'(verdrängte)를 의미한다. 즉, 의식에 의해 검열된 내용을 일컫는다, '암묵적 지식'은 직관적으로 통제된 과정이 필요하다(Stern 2010, 123ff.). 암시적인 언어는 명백한 언어에 비해 간접적 표현 방법을 사용한다. "목이 마르니 물 한 잔 주세요"는 '명백한'(explizit) 표현이며 "우리 엄마가 밖에 나가기 전에 물 한 잔 마시라고 했어"는 '암시적'(implizit)인 표현이다.

34 이것은 게슈탈트 이론 및 치료적인 관점과 일치한다. 폐쇄된 경험의 흐름으로 유입되고 게슈탈트의 '미해결 과제'(Perls 1969, 1976)가 계속 완결을 요구하는 동안 특별히 기억되지도 않는다.

35 David Myers(2003): Negative versus positive topics in psychological journal articles 1887-2001.
9760 on "anger" vs. 1021 on "joy"
65531 on "anxiety" vs. 4129 on "life satisfaction"
79154 on "depression" vs. 3522 on "happyness"
20868 on "fear" vs. 781 on "courage"
207110 on "treatment" vs. 31019 on "prevention"
요약하면, 문제 지향 연구와 자원 지향 연구의 비율은 약 10:1이다.

36 내담자의 '임파워먼트'(Empowerment)를 목표로 하는 모든 사회 복지 및 심리 치료의 개념이 포함되어 있다.

37 이와 관련하여 마리아 아츠(2010, 2014)는 사람은 누구나 가치 있는 '금광'(Goldmine)을 가지고 있다고 강조한다. 자기 자신만의 고유의 강점을 갖고 있다.

38 이러한 독특한 관계 경험은 인간 사회화의 필수적인 기초를 형성한다. "우리는 임상적으로 중요한 사건과 순간이 매우 사소하고, 평범하고, 매일, 반복적이고, 비언어적인 사건으로 구성되어 있다고 기본적인 가정을 할 수 있다. 그것은 심지어 초기에 유아에게 존재하는 유일한 인간화 과정일 수도 있다"(Stern, 1998, p.79).

39   아래 텍스트에서 Marte Meo 요소는 기울임 꼴로 강조 표시되어 있다. 이것은 또한 일상생활에서 실제로 어떻게 숨겨져 있는지를 명확하게 보여 준다.

40   언뜻 보기에는 결코 분명하지 않을 수 있다. 예를 들어, 사회교육적 가족지원 서비스 분야에서는 부모와 종사자 간의 책임 영역을 구별하기 위해 역할에 대한 설명을 필요로 할 때가 있다.

41   어떤 어머니나 아버지도 아기에게만 오로지 지속적으로 주의를 기울일 수 없다. 건강한 아기는 돌보는 이의 주의를 끌어낼 수 있는 훌륭한 수단을 가지고 있다. 이러한 맥락에서, 아동의 이니셔티브(Initiative)에 대해서 충분한 관심이 필요하다. 특정한 경우에는 아동의 발달 수준과 관련된 사람들의 현재 마음 상태에 달려 있다. D. W. Winnicott(1989)는 '충분히 좋은 어머니'(Good Enough Mother)라는 개념에서 생산적인 부모의 태도를 적절히 묘사했다.

42   이러한 '접촉 순간들'(Kontaktmomente)은 유대 경험의 기초가 된다 (Grossmann/Grossmann, 2004).

43   Riemann, F. (1972). Entwicklungsgeschichte Voraussetzungen menschlicher Beziehungen. In: Rohner, P. (Hrsg). Verständnis für den anderen. Müchen: Pfeiffer.

44   발달심리학자 다니엘 스턴은 엄마-아기의 관계를 연구했다. 엄마와 아기의 생후 초반 몇 개월 동안 아기는 엄마의 몸짓말, 눈빛, 표정 등에 동조하고 공감하는 태도를 보인다고 했다. 특히 표정을 읽을 수 있는 전문적인 능력을 개발하고 이후 일생 동안 유지된다고 강조했다(Stern, 1992).

45   이 주제에 대한 근본적인 작업은 마르틴 부버(Martin Buber)의 'Ich und Du' 서술에서 최근 철학사에서의 이정표를 볼 수 있다 구별 및 경계의 임상적 및 발달적 중요성에 따른 '경계'(Grenzen)란 아동과 가족을 대상으로 한 치료의 이론과 실제에서 다루는 용어를 의미한다(Hawellek, 1992).

46   이러한 상호작용, 대화를 할 때 내가 말하고, 상대방이 말하는 의사소통 및 대화에 순서 주고받기 '턴 테이킹'(Turn Taking)이 가장 기본이다(Hawellek, 2012, p.67ff.).

47 이와 관련하여 기술 용어는 '자기 역량'(Selbstkompetenz)의 발전을 말한다.

48 Hawellek, C. (2013a).

49 이 사고 과정은 도날드 위니캇(Donald Winnicott)에 의해 개발되었다. 그는 현대 아동 심리 치료의 아버지로서 '충분히 좋은 엄마'(good enough mother)에 대한 설명을 발표했다(1998).

50 Loth, W. (1998). Auf den Spuren hilfreicher Veränderungen: Das Entwickeln Klinischer Kontrakte.

51 이것은 심리치료의 형태가 아니라 예를 들어 의료적 물리 치료 또는 로고 치료를 일컫는다.

52 Hawellek, C. (2012), p.41ff.

53 마테 메오(Marte Meo)가 사용되는 직무분야에 따라 마테 메오 교육 과정을 수료한 사람들의 명칭이 다르다. 가장 먼저 배우는 것은 자신의 직무 영역에서 발전적이고 지원적인 마테 메오 정보를 활용하는 것이다. 이 교육 수준은 모든 추가 학습 단계의 기초를 형성하며 '마테 메오 프랙티셔너'(Marte Meo Practitioner)라고 한다. 직무 영역에 따라 다음 교육 단계는 '마테 메오 테라피스트'(Marte Meo Therapist) 및 '마테 메오 칼리지 트레이너'(Marte Meo Collegue Trainer)라고 한다. 방법을 더 전문적으로 발전시키고 싶다면 마테 메오 슈퍼바이저(Marte Meo Supervisor)가 될 수 있다. 마테 메오는 네덜란드 아인트호벤에 본부를 둔 국제 네트워크이며 국제 인정 자격증은 영어 명칭으로 통일하고 있다. 자격 인증 기준은 마리아 아츠의 핸드북(2015, 6장)에 자세히 나와 있다.

54 Aarts, M. (2011), S.110ff.

55 Hawellek, C., v. Schlippe, A. (2005). Von der Botschaft hinter den Problemen.

56 이를 위해 다양한 개발 점검 목록이 작성되었다.

57 이것은 특히 언어 개발 단계를 의미한다.

58 자기 자신을 다른 사람의 내면에 초점을 두고 그들의 내면세계를 이해하는 과정을 심리 치료적인 용어로 정신화(mentalization)라고 부른다.

59 그림 또는 이미지는 '암시적 관계 지식'(Stern, 2009)으로 우리는 이미지에 자동적으로 반응한다. 그림 또는 사진 등의 이미지를 통해 적절한 행동을 바로 할 수 있다.

60 마테 메오 상담사는 비디오 상호작용 분석법을 익혀야 한다.

61 Hawellek, C. (2012) S.13ff.

62 Aarts, Hawellek, Rausch, Schneider, Thelen (2014): Marte Meo: Eine Einladung zur Entwicklung, sowie Aarts, Rausch (2009): Mir fällt nix ein. Marte Meo Kommunikationstraining.

63 마테 메오에 관한 문헌에서는 자유로운 상호작용 상황과 구조화된 상호작용 상황을 구분해서 강조한다.

64 마테 메오 상담사는 비디오 상호작용 분석을 통해 부모와 자녀의 의사소통 관련 행동과 반응에 대한 영상 이미지를 내담자가 천천히 관찰할 수 있도록 제시하는 방식을 사용한다. 이런 방식으로, 부모가 자신의 행동과 자녀의 행동 및 반응에 대한 연관성을 스스로 관찰하고 이해할 수 있도록 돕는다.

65 Aarts, M., Loosli, T. (2011).

66 마리아 아츠(Maria Aarts)는 자신의 가족치료 장면에서 '커피, 쿠키 및 애완견'과 같은 일상적인 주제를 시작으로 연결의 의미를 찾는 것을 선호한다. 이는 상담이 시작될 때 쉽게 대화할 수 있음을 의미하며, 이는 상담자와 내담자가 편안하게 상담의 주요 호소 주제로 진입할 수 있도록 도와준다.

67 Ferenczi, S. (1999).

68 Hawellek, C. (2016).

69 Hawellek, C., Meyer zu Gellenbeck, K. (2005). Die Kunst der kleinen Schritte. Marte Meo: Ein Modell und eine Methode sozialer Intervention. In: Hawellek, C., v. Schlippe, A. (2005).

70 이를 위해 Marte Meo는 '시각적 스토리텔링'(Visual Storytelling)이라는 정보 형식을 사용한다. 상담 및 코칭 장면에서 상담자와 내담자가 새로운 스토리를 공동으로 개발한다. '시각적 스토리 개발'(Visual Storydevelopment)이라고 한다.

71 Aarts et al. (2014). Marte Meo: Eine Einladung zur Entwicklung. Eindhoven: Aarts Productions. S.46.

72 아동을 관찰 및 행동을 연구하는 것으로 사전에 관찰하려는 행동영역에 대해 그 행동의 빈도나 정도를 평가한다.